Rathjen · Aus den Roßbreiten

Friedhelm Rathjen

Aus den Roßbreiten

Drei Studien zu Arno Schmidts Roman *Die Gelehrtenrepublik*

2019

Die hier versammelten Studien wurden folgenden Bänden entnommen:

Friedhelm Rathjen: *Textarbeit, Textvergnügen. Einzeltextstudien zu Arno Schmidt* (Edition ReJoyce, Bd. 24)

Friedhelm Rathjen: *Bargfeld Transfer. Studien zu Arno Schmidt als Übersetzer und Transformator* (Edition ReJoyce, Bd. 30)

rejoyce pocket
rjp 6

Bibliografische Information der Deutschen Bibliothek:

Die Deutsche Bibliothek verzeichnet diese Publikation in der Deutschen Nationalbibliografie; detaillierte bibliografische Daten sind im Internet über <http://dnb.ddb.de> abrufbar.

EDITION ReJOYCE Südwesthörn 2019
rejoyce@gmx.de
Satz, Titelfoto und Umschlaggestaltung: Friedhelm Rathjen
Herstellung: Books on Demand GmbH, Norderstedt
ISBN 978-3-947261-12-3

Inhalt

The Making of *Gelehrtenrepublik* 7
Tagebuch einer Schwangerschaft Arno Schmidts

IRAS auf Eis 41
Arno Schmidt (üb)ersetzt Hammond Innes

Gegenzauber im Hominidenstreifen 67
Arno Schmidt (üb)ersetzt Hassoldt Davis

Nachweise 136

The Making of *Gelehrtenrepublik*
Tagebuch einer Schwangerschaft Arno Schmidts

„Man schreibt *langsam Prosa*“[1], dekretierte Arno Schmidt und praktizierte selbst doch das Gegenteil; alle seine Kurz- und schließlich auch die dickeren Romane schrieb er in einem Tempo herunter, das alles andere als langsam war.[2] Nie aber war er schneller als bei der *Gelehrtenrepublik*, die er innerhalb von nur vierzehn Tagen zu Papier brachte. Nun könnte man zwar meinen, das Ergebnis sei ja auch so, jedenfalls scheinen auch erklärte Schmidt-Fans mehrheitlich der Meinung zu sein, dies sei eines der weniger gelungenen Bücher des Meisters. Wenn dem so sein sollte, so hieße das freilich nicht, daß die Erzähldichte in diesem Roman geringer wäre als in anderen, die *Gelehrtenrepublik* ist ‚dehydrierte Prosa‘ wie nur je und zeigt den gewohnten Einfalls- und Anspielungsreichtum. Wie kann man (wie kann auch Schmidt) derlei so schnell schreiben? Natürlich nicht, indem man (Schmidt) bei null anfängt und einfach drauflos schreibt; der raschen Geburt geht sozusagen eine längere Inkubationszeit voraus, eine Zeit, in der der Autor ausgiebig mit seinem Werk schwanger geht und alles mögliche Zeugs in sich aufsaugt, schließlich muß er gewissermaßen für zwei fressen. Ich

---

1 Arno Schmidt, „Sylvie & Bruno. Dem Vater der modernen Literatur ein Gruß!“, in Bargfelder Ausgabe, Bd. III/4 (Zürich: Haffmans 1995), S. 246-264, hier S. 251.

2 Vgl. Friedhelm Rathjen, „Der unendliche Tag. Zur Datierung von Arno Schmidts *Zettel's Traum*“, in *Durch dick und dünn. Über Marianne Fritz, Gertrude Stein, Arno Schmidt, António Lobo Antunes und andere Autoren von Gewicht* (Scheeßel: Edition ReJoyce 2006), S. 93-125, hier S. 95-97.

möchte mir im folgenden Schmidts *Gelehrtenrepublik*-Schwangerschaft – also die neun Monate vor der Entbindung vom Text – etwas näher anschauen und mal sehen, wann und wie die Schwangerschaft sichtbar wird und wie und wo der Fötus überall zulegt.

*

28. September 1956: Arno Schmidt schreibt seine (größtenteils schon im Mai und Juli entstandene) Erzählung „Goethe und Einer seiner Bewunderer“ ins Reine (offensichtlich werden jedoch einzelne Textdetails noch in den nächsten Wochen nachgetragen). Der Text ist (wie schon zuvor das „Tina“-Capriccio) ein Versuch, die naive Vorstellung von einer idealen Geisteswelt, in der sich Schriftsteller und Künstler in der Lebensrealität (Vorlage: Darmstadt als das ‚neue Weimar‘) oder der Nachwelt (Vorlage: Schmidts frühere *Dichtergespräche im Elysium*) gegenseitig helfen und befruchten, an den tatsächlichen Gegebenheiten zu messen und Schiffbruch erleiden zu lassen; die *Gelehrtenrepublik* wird diesen Ansatz in veränderter Weise erneut aufgreifen. An einer „Goethe“-Textstelle ergibt sich der Erzähler dem Los, mit dem wiederauferstandenen Geheimrat unmäßig saufen zu müssen, mit einem beherzten „Also Vogue la galère: Prost!“[3]; der Erzähler der *Gelehrtenrepublik* wird später ähnlich mannhaft der erotischen Schwerstarbeit mit der kräftigen Jelena entgegensehen: „Naegal: Vogue la Galère!“[4] Mehrfach im „Goethe“-

3 Arno Schmidt, „Goethe und Einer seiner Bewunderer“, in Bargfelder Ausgabe, Bd. I/2 (Zürich: Haffmans 1986), S. 189-220, hier S. 207.

4 Arno Schmidt, *Die Gelehrtenrepublik. Kurzroman aus den Roßbreiten*, in Bargfelder Ausgabe, Bd. I/2, a.a.O., S. 221-349, hier S. 329.

Text blitzen Hinweise auf Schmidts Hauptarbeitsvorhaben dieser Phase, das *Lilienthal*-Projekt, auf; wie der Autor sitzt auch der Erzähler „im Augenblick“[5] an einem solchen Projekt, auch sonst hat er (wie der Autor) so viele Ideen, daß er kaum hoffen kann, sie alle in den Griff zu bekommen, es sei denn ein atomarer Mutationssprung ist ihm gnädig und verwandelt ihn in eine neue Hominidenform: „‹Tandemfahrten› [...] ‹Lilienthal›; ‹Stützpunkt›; ‹Polizeischule›: 4 Köpfe müßte man haben; und 8 Hände; na, vielleicht unsere Enkel; aus atomisierten Chromosomen, quien sabe“[6].

8. November 1956: Arno Schmidt gibt Alfred Andersch einen Überblick über seine derzeitigen Beschäftigungen: „Im Augenblick übersetze ich noch; und beende währenddessen das Großcapriccio ‚Goethe und einer seiner Bewunderer‘“[7]. Bei der Übersetzung handelt es sich um den Roman *Second Ending* von Evan Hunter, einen Roman, der in der Jazz-Szene New Yorks spielt. Dem in Darmstadt festsitzenden Stadtverächter Schmidt bleiben also auch bei seiner Übersetzungsarbeit jene ländlichen Schauplätze verwehrt, nach denen er sich dringend sehnt; er entwickelt Pläne, aus Darmstadt in angenehmere Gefilde zu flüchten.

Mitte November 1956: Schmidt erhält Besuch von Heinrich Böll, der seit kurzem einen Teilzeitwohnsitz im Westen Irlands hat, und erkundigt sich bei ihm nach den Möglichkeiten einer Übersiedlung dorthin; in der

---

5 Schmidt, „Goethe und Einer seiner Bewunderer“, a.a.O., S. 205.

6 Ebd., S. 210.

7 Arno Schmidt, *Der Briefwechsel mit Alfred Andersch. Mit einigen Briefen von und an Gisela Andersch, Hans Magnus Enzensberger, Helmut Heißenbüttel und Alice Schmidt*, hg. v. Bernd Rauschenbach (Zürich: Haffmans 1985), S. 99 (Brief Nr. 106 v. 8.11.57).

Folgezeit wird Böll ihm allerlei Ratschläge geben.[8] Irland ist eine Insel und zudem weithin als „Insel der Heiligen und Weisen“ bekannt[9], insofern ist es durchaus eine Teil-Vorlage für Schmidts Gelehrteninsel IRAS (diese Abkürzung ließe sich gar als „das Irland Arno Schmidts“[10] auflösen). Als „Inselwappen“ der *Gelehrtenrepublik* wird Schmidt „die frei gewordene Irische Harfe“[11] nutzen, außerdem vermutet Winer anfangs, in der „Versuchsanstalt für Hibernation“ werde wohl, da bekanntlich „‹Hibernia› [...] der alte Name für ‹Irland›“ ist, „wer hier eintrat, flugs zum Irländer gemacht“[12], und schon zuvor bei der Durchquerung des Hominidenstreifens sind ihm keltische Sprachsplitter begegnet, die vermuten lassen, daß „ein Förster irischer Provenienz“[13] seine Hand im Spiel hatte.

25. November 1956: Schmidt teilt Eberhard Schlotter mit, daß er sich gegen die innerhalb der Darmstädter Sezession aufgetauchte Idee entschieden hat, seine historische Revue „Massenbach“ fürs Landestheater Darmstadt umzuschreiben, weil das Vorhaben mit dem *Lilienthal*-Projekt „kollidieren“ würde: „Ich

---

8 Vgl. Heinrich Böll, „Antworten an Schmidt“, in *Der Rabe 29*, hg. v. Wolfgang Schlüter (Zürich: Haffmans 1990), S. 175-178.

9 Vgl. James Joyce, „Irland – Insel der Heiligen und Weisen“, in *Kleine Schriften*, üb. v. Hiltrud Marschall u. Klaus Reichert (Frankfurt a.M.: Suhrkamp 1974), S. 165-191.

10 Friedhelm Rathjen, „Arno Schmidts Irlandreise. Acht westerweltliche Tourenziele zum literaturbewehrten Nachfahren“, in *Bargfelder Bote*, Lfg. 179-180 / August 1993, S. 24-33, hier S. 29; Nachdruck in Friedhelm Rathjen, *Die Kunst des Lebens. Biographische Nachforschungen zu Arno Schmidt & Consorten* (Scheeßel: Edition ReJoyce 2007), S. 65-76, hier S. 71.

11 Schmidt, *Die Gelehrtenrepublik*, a.a.O., S. 281.

12 Ebd., S. 341.

13 Ebd., S. 257.

könnte sie allenfalls nacheinander vornehmen, wenn zwischen beide eine gewisse längere Zeitspanne läge (und, natürlich, das Bessere, also ‚Lilienthal', zuerst ‚erledigt' wäre – Beides zugleich kann ich nicht schaffen!).“[14] Anscheinend beschäftigt sich Schmidt aber doch noch weiter mit dem „Massenbach“; in der *Gelehrtenrepublik* wird das Stück zu Ehren Winers am Schauspielhaus der Künstlerinsel aufgeführt.[15]

Ebenfalls am 25. November 1956: Im selben Brief an Schlotter amüsiert sich Schmidt darüber, daß „in Darmstadt neben einem Atomreaktor jetzt auch noch ein kernphysikalisches Institut errichtet werden soll: bald werde ich so voller Radioaktivität sein, daß ich bei meinem eigenen Heiligenschein nachts lesen kann: wieder was gespart! (Hoffentlich werden nun wenigstens die Mieten billiger).“[16]

Zwischen dem 20. November und dem 18. Dezember 1956 nimmt Schmidt seine Nichtantwort auf die Zeitungsumfrage „Kann der Mensch noch auf Geborgenheit hoffen?“ ebenfalls zum Anlaß, sich sarkastische Gedanken über atomare Katastrophen und deren mögliche Vorteile zu machen: „Ich weigere mich, einmal mehr auf dem Thema ‹Atombombe› herumzureiten: die Konsequenzen für uns, die erste der Strahlung ausgesetzte Generation, könnten durchaus segensreich sein! [...] Ich hätte nichts dagegen, wenn ich vier Arme hätte! Oder nur ein geflügelter Kopf wäre, durch Rhododendronbuketts gaukelnd: alle

---

14 Arno Schmidt, *Der Briefwechsel mit Eberhard Schlotter. Mit einigen Briefen von und an Alice Schmidt und Dorothea Schlotter*, hg. von Bernd Rauschenbach (Zürich: Haffmans 1991), S. 21 (Brief Nr. 9 v. 25.11.56).

15 Vgl. Schmidt, *Die Gelehrtenrepublik*, a.a.O., S. 298 f.

16 Schmidt, *Der Briefwechsel mit Eberhard Schlotter*, a.a.O., S. 20 (Brief Nr. 9 v. 25.11.56).

Hypo=Chondrieen entfallen; Sperma wird durch Zungenkuß übertragen; Exkremente gasig durch die Nase ausgeblasen (schwefelfarbene Kote blieben uns erspart); Stimmen klängen brustlos=feiner, auch höher –: Ich bejahe die Technik! (Obwohl sie in Verbindung mit der Politik sogleich urböse wird: aber das liegt nicht an den Technikern!).“[17] Dies könnte man als die Keimzelle der Mutationsformen begreifen, die Schmidt dann im Hominidenstreifen der *Gelehrtenrepublik* auftreten läßt.

Im November und Dezember 1956 schreibt Schmidt den Wieland-Funkessay, in dem er einmal als wichtige Bekanntschaft Wielands „den Grafen Stadion“[18] erwähnt; den Namen gibt Schmidt später seinem fiktiven *Gelehrtenrepublik*-Übersetzer. Außerdem läßt er sich im Wieland-Essay über die „oft äußerst giftigen Katzbalgereien und Affenstreiche“ im Weimar der Klassiker aus und deutet sie als „Beleg [...] für die Widersinnigkeit aller sogenannten ‹Künstlerkolonien›“[19] – eine Widersinnigkeit, die Schmidt in der *Gelehrtenrepublik* in extenso zur Anschauung bringen wird.

7. Dezember 1956: Schmidt schildert Wilhelm Michels angesichts der Weigerung westdeutscher Bibliotheken, Bände aus den Beständen ostdeutscher Bibliotheken dorthin zurückzureichen, „die pikante Lage [...], daß ich mich theoretisch darüber entrüste, mir jedoch heimlich sämtliche Hände reibe – was ist der

---

[17] Arno Schmidt, „Kann der Mensch noch auf Geborgenheit hoffen?“, in Bargfelder Ausgabe, Bd. III/3 (Zürich: Haffmans 1995), S. 330.

[18] Arno Schmidt, „Wieland oder Die Prosaformen“, in Bargfelder Ausgabe, Bd. II/1 (Zürich: Haffmans 1990), S. 275-304, hier S. 284.

[19] Ebd., S. 286.

Mensch, und was kann aus ihm werden!"[20] Die Schlußformulierung ist ein Zitat aus E.T.A. Hoffmanns „Nußknacker und Mausekönig", das Schmidt leicht variiert auch in der *Gelehrtenrepublik* benutzen wird[21].

Am 15. Dezember 1956 schildert Schmidt Andersch die zwischenzeitlichen Fortschritte in seinen Bemühungen, das Projekt der Auswanderung nach Irland in die Tat umzusetzen, und erläutert, warum gerade Irland dafür geeignet sei: „können wir mehr verlangen, als ein Land, nicht der Nato angehörig (also eins der wirklich ‚freien Völker'; d.h. die keinem der beiden Machtblöcke angehören!), praktisch menschenleer"[22]. In der *Gelehrtenrepublik* wird Schmidt diese Fiktion eines ‚neutralen Staates' dann ad absurdum führen und außerdem – anhand des Hominidenstreifens – andeuten, wie wenig frei die Existenz in einem ‚praktisch menschenleeren' Territorium sein kann.

Am 23. Dezember 1956 kommt Schmidt in einem Brief an Andersch nochmals auf das Irland-Projekt zu sprechen; er unterstreicht, wie wichtig es sei, daß das Zielland englischsprachig ist, und sieht als einzige außereuropäische (und folglich im Fall eines Atomkriegs vielleicht sicherere) Alternative die „Insel Felsenburg" (gemeint ist: Tristan da Cunha), wohin zu reisen ihm aber zu teuer sei[23]; in der *Gelehrten-*

---

[20] Arno Schmidt, *Der Briefwechsel mit Wilhelm Michels. Mit einigen Briefen von und an Elfriede Bokelmann, Erika Michels und Alice Schmidt*, hg. v. Bernd Rauschenbach (Zürich: Haffmans 1987), S. 58 (Brief Nr. 56 v. 7.12.56).

[21] Vgl. Schmidt, *Die Gelehrtenrepublik*, a.a.O., S. 254: „Konditorkonditor: was ist der Mohr & was kann aus ihm werden!"

[22] Schmidt, *Der Briefwechsel mit Alfred Andersch*, a.a.O., S. 104 (Brief Nr. 113 v. 15.12.56).

[23] Ebd., S. 107 (Brief Nr. 115 v. 23.12.56).

republik wird Schmidt die Englischsprachigkeit (inklusive der damit zusammenhängenden Übersetzungsthematik) unterstreichen, und gleichzeitig legt er das schwimmende Künstlereiland als einen (leider nicht funktionierenden) Fluchtraum ganz nach dem Ideal der *Insel Felsenburg* an. Im selben Brief an Andersch geht Schmidt erstmals auf seine offenbar eben erfolgte Erstlektüre des *Ulysses* von James Joyce ein[24]; für Joyce wird Schmidt in der *Gelehrtenrepublik* eigens ein Ehrengrab anlegen („»Für den hätten Sie ne ganze *Schwadron* aufstellen sollen!« Und wir mußten doch lachen, wenn wir uns die Kavalkade vorstellten: Alle mit dem Profil von James Joyce. – Aber ist doch wahr!!"[25]) und außerdem nach einem Wasserfall im *Ulysses* den „Poulaphouca River"[26] und die „Poulaphouca Street"[27] benennen.

10. Januar 1957: Schmidt erhält eine gekürzte Ausgabe von Herman Melvilles klassischem Walfangroman *Moby-Dick; or, The Whale*, der zu weiten Teilen im Pazifik (im weiteren Sinne also im Gebiet um die *Gelehrtenrepublik*) spielt[28]; in Kapitel 78 des Romans ist mehrmals von einem „iron-bound bucket"

---

[24] Ebd., S. 106 (Brief Nr. 115 v. 23.12.56).

[25] Schmidt, *Die Gelehrtenrepublik*, a.a.O., S. 293.

[26] Ebd., S. 307.

[27] Ebd., S. 322.

[28] Vgl. Dieter Gätjens, *Die Bibliothek Arno Schmidts. Ein kommentiertes Verzeichnis seiner Bücher* (Zürich: Haffmans 1991), neue Ausgabe, durchgesehen und erweitert von Günter Jürgensmeier (Bargfeld: Arno Schmidt Stiftung 2003 / im Internet: www.arno-schmidt-stiftung.de/Archiv/Bibliotheksverzeichnis.html), Nr. 566. – Bei Gätjens / Jürgensmeier ist jeweils nur das Erwerbsjahr angegeben; das genaue Datum des Erwerbs dieses und weiterer Bücher durch Arno Schmidt habe ich anläßlich eines Besuchs in Bargfeld einschlägigen Unterlagen der Schmidt-Stiftung entnehmen können.

die Rede[29], was womöglich auf Schmidts Beschreibung seiner IRAS als „iron=bound“[30] abfärbt. – Der *Moby-Dick* ist eine von auffällig vielen Bucherwerbungen Arno Schmidts im Jahr 1957, die als Reiseromane oder Reiseberichte bezeichnet werden können. Zu solchen Neuerwerbungen gehören außerdem Jerome K. Jeromes klassische Berichte seiner Kanu- und Radtouren *Three Men in a Boat* und *Three Men on the Bummel*[31]; in Schmidts *Gelehrtenrepublik* findet sich sowohl eine Variante des Untertitels von *Three Men in a Boat* („to say nothing of my mouth“[32]) als auch die vermutlich aus dem Buch entliehene Floskel „not in my line“[33]. Weitere Reisebücher, die Schmidt 1957 anschafft, sind John Bunyans allegorische Pilgerreise *The Pilgrim's Progress*[34], die in der *Gelehrtenrepublik* in Gestalt des fiktiven „Drama[s] von William O'Nail, ‹The Soldier's Progress›“[35], angespielt wird, sowie ein Asien-Band der *Allgemeinen Historie der Reisen zu Wasser und Lande; oder Sammlung aller Reisebeschreibungen*[36].

---

29 Herman Melville, *Moby-Dick or The Whale* (Evanston and Chicago: Northwestern University Press and The Newberry Library 1988), S. 341, 343.

30 Schmidt, *Die Gelehrtenrepublik*, a.a.O., S. 278.

31 Vgl. Gätjens / Jürgensmeier, *Die Bibliothek Arno Schmidts*, a.a.O., Nr. 547.

32 Schmidt, *Die Gelehrtenrepublik*, a.a.O., S. 234; der Untertitel von *Three Men in a Boat* lautet: „To Say Nothing of the Dog“.

33 Ebd., S. 312. Vgl. Jerome K. Jerome, *Three Men in a Boat (To Say Nothing of the Dog)* (Leipzig: Brockhaus 1913), S. 14: „Scenery is not in my line“.

34 Vgl. Gätjens / Jürgensmeier, *Die Bibliothek Arno Schmidts*, a.a.O., Nr. 501.

35 Schmidt, *Die Gelehrtenrepublik*, a.a.O., S. 255.

36 Vgl. Gätjens / Jürgensmeier, *Die Bibliothek Arno Schmidts*, a.a.O., Nr. 902.

15. Januar 1957: Schmidt erhält ein Schreiben des irischen Gesandtschaftssekretärs vom Vortag („Es wäre wünschenswert, wenn Sie Ihren Antrag durch Unterlagen unterstützen, aus denen hervorgeht, daß Ihr Aufenthalt in Irland finanziell gesichert ist“[37]), dessen Inhalt ihn sehr verdrießt, und notiert in seinem Tagebuch: „also Kreuzweis! Schluß mit dem Projekt! [...] Irland vergessen“[38] Kurz darauf teilt Schmidt Andersch das Ende der Irland-Pläne mit und seufzt: „Also bleibt nur noch die Haide oben! [...] ‚Lilienthal‘ kann hier, in Darmstadt=Pforzheim nicht entstehen!“[39] Fortan zielen seine Umzugspläne primär nach Niedersachsen, was sich auch darin niederschlägt, daß Schmidt seine Vorüberlegungen zum *Lilienthal*-Schreibprojekt vorantreibt.

Am 19. Januar 1957 erläutert Schmidt Andersch, welche Funktion für ihn Texte wie „Tina“ und der (Andersch zur Publikation angediente) „Goethe“ haben: „es ist meine Art der Selbst=Schutzimpfung, wenn ich zwischen Asfaltfloren und =faunen leben muß! ‚Auf dem Lande‘ würde ich dergleichen nie schreiben!“[40] Indirekt heißt das, daß der Weg des künftigen Schmidtschen Schreibens davon abhängt, ob es ihm gelingt, in absehbarer Zeit Darmstadt zu verlassen und sich auf dem Lande (nach Möglichkeit in Niedersachsen) anzusiedeln – schafft er den Sprung nach Niedersachsen, so ist die Umsetzung des *Lilienthal*-Projekts möglich; schafft er den Sprung nicht, so

---

[37] Axel Dunker (Hg.), *Arno Schmidt (1914-1979). Katalog zu Leben und Werk* (München: edition text + kritik 1990), S. 75.

[38] Schmidt, *Der Briefwechsel mit Alfred Andersch*, a.a.O., S. 111 (Anmerkung des Herausgebers zu Brief Nr. 118 v. 19.1.57).

[39] Ebd., S. 110 (Brief Nr. 118 v. 19.1.57).

[40] Ebd.

muß er sich weiterhin mit Texten à la „Tina“ und „Goethe“ schutzimpfen.

24. Januar 1957: Arno Schmidt schreibt – aufbauend vor allem auf dem ein halbes Jahr zuvor geschriebenen Fragment „Karl May und kein Ende!“[41] – den kurzen Karl-May-Essay „Vom neuen Großmystiker“. Darin müht er sich eingangs, keinen Zweifel daran aufkommen zu lassen, daß er vom Gros der Mayschen Produktion wenig hält; stellvertretend für die typischen Sensationshandlungen verweist er auf „Ritte an brennenden Kakteenfeldern entlang“[42] (folgerichtig wird in Schmidts eigener *Gelehrtenrepublik* dann ein Kakteenfeld „in Brand gesteckt, bis die Never=Never es nicht mehr aushielten, und heraus müßten“[43]) in den „sogenannten ‹Reiseromane[n]›: rohe, eilfertige Erfindungen aus Arabien oder Wildwest“[44]. Anschließend preist Schmidt Mays Spätwerk *Ardistan und Dschinnistan* als „Annähernd dem ‹Pilgrim's Progress› des Bunyan vergleichbar“, als „Großfabel von Ardistan (= Erde; Irdenes) und Dschinnistan (= Hochland; Geisterwelt)“[45], und betont vor allem die

---

41 Vgl. Arno Schmidt, „Karl May und kein Ende!“, in *Fragmente. Prosa, Dialoge, Essays, Autobiografisches*, Bargfelder Ausgabe, Supplemente, Bd. 1 (Frankfurt a.M.: Suhrkamp 2003), S. 258-260. Bereits in diesem Text findet sich ein Vergleich der May-Welten mit der „kommende[n] Lage nach einem Atomkrieg“ (S. 258), die Bezeichnung von „Ardistan und Dschinnistan“ als „Pilgrims Progress“ (S. 258), die Deutung der Mayschen Phantasien als Ausgeburt „eines manichäischen Binnenreiches“ (S. 259) und der Hinweis auf die Textkastrierungen, aufgrund derer nun ein Pferd „anstatt der alten, »Lancaden« neu »Bewegungen«“ macht (S. 260).

42 Arno Schmidt, „Vom neuen Großmystiker“, in Bargfelder Ausgabe, Bd. III/3, a.a.O., S. 331-337, hier S. 331.

43 Schmidt, *Die Gelehrtenrepublik*, a.a.O., S. 242.

44 Schmidt, „Vom neuen Großmystiker“, a.a.O., S. 332.

45 Ebd., S. 335.

Teilung in zwei Welten, die dieser „Großfabel“ und überhaupt dem Denken Karl Mays zugrunde liege: „der Nomade und Manichäer – denn das beides ist May letzten Endes!“[46] Offensichtlich nimmt sich Schmidt das später für die *Gelehrtenrepublik* zum Beispiel, denn auch darin führt die Reise zunächst durch eine erdig-wüstenhafte Gegend (den Hominidenstreifen), bis die hehre Geisterwelt (die schwimmende Künstlerinsel) erreicht ist, wobei das manichäische Grundprinzip allenthalben mitspielt. Schmidts „Großmystiker“-Kurzessay endet mit einem Hinweis auf die in Ost- und Westdeutschland gleichermaßen tätigen Karl-May-Textverstümmeler, wofür er unter anderem als Beispiel anführt: „Wenn früher ein Pferd »Lancaden« machte, so sind das neuerdings »Bewegungen« (anstatt zumindest doch »Bogensprünge«)“[47]; konsequenterweise darf sich Charles Henry Winer in der *Gelehrtenrepublik* dann darüber freuen, daß seine Zentaurin Thalja „der Morgenweide vergaß; vielmehr in Lançaden über mich kam“[48].

Ebenfalls am 24. Januar 1957 verfaßt Schmidt den Aufsatz „Literatur: Tradition oder Experiment?“, in dem er sein Modell der literarischen „‹snapshots›“ im „Gemisch von ‹Foto= und Text=Einheiten›“ erläutert[49]; mit einem aufblitzenden „snapshot, aus dem Bilderreservoir“[50] wird die nach diesem Modell gebaute *Gelehrtenrepublik* enden. Die „snapshot“-Technik koppelt Schmidt in seinem Aufsatz an die

---

[46] Ebd.

[47] Ebd., S. 336.

[48] Schmidt, *Die Gelehrtenrepublik*, a.a.O., S. 336.

[49] Arno Schmidt, „Literatur: Tradition oder Experiment?“, in Bargfelder Ausgabe, Bd. III/3, a.a.O., S. 338-341, hier S. 340.

[50] Schmidt, *Die Gelehrtenrepublik*, a.a.O., S. 349.

Überzeugung, das Menschenleben sei „ein ‹löcheriges Dasein›, ein dehydriertes“[51] – nichts ist bekanntlich ‚dehydrierter‘, also wasserärmer, als eine Wüste oder Prärie, der Schauplatz des ersten Teils der *Gelehrtenrepublik*, für dessen Ausstaffierung Schmidt planmäßig die Artikel „Prärie“ und „Wüste“ in *Meyers Großem Konversations-Lexikon* durchforstet. Daß Schmidt Wüsten für eine metaphorisch passende Umschreibung seiner ungeliebten Dichter- und Denkerheimat hält, ist im übrigen auch daran ablesbar, daß er im Folgejahr einen kurzen Aufsatz mit dem Titel „Die Wüste Deutschland“ schreibt.

28. Januar 1957: In dem kurzen Text „Was bedeutet ‹Konformismus› in der Literatur heute?“ stellt Schmidt die „Uniformität“ des Ostblocks dem „Konformismus“ des Westens gegenüber, geißelt beides, erklärt jedoch den „Konformismus“ für das schlimmere Übel.[52]

30. Januar 1957: In der Erzählung „Zählergesang“ greift Schmidt die doppelte Zwickmühle des dualen politischen Systems noch einmal auf und hadert mit den „Lumpen; ob Ost ob West.“[53] Am doppelten Lumpensystem scheitert bekanntlich die IRAS.

6. Februar 1957: Schmidt schreibt den Gelegenheitstext „Reim’ Dich, oder ich freß’ Dich“ und zeigt sich darin angetan von „Klopstocks unvergleichlich graziösen (und völlig unbekannt=vergessenen) ‹Grammatischen Gesprächen›“.[54]

---

[51] Schmidt, „Literatur: Tradition oder Experiment?“, a.a.O., S. 341.

[52] Arno Schmidt, „Was bedeutet ‹Konformismus› in der Literatur heute?“, in Bargfelder Ausgabe, Bd. III/3, a.a.O., S. 342 f.

[53] Arno Schmidt, „Zählergesang“, in Bargfelder Ausgabe, Bd. I/4 (Zürich: Haffmans 1988), S. 103-106, hier S. 105.

[54] Arno Schmidt, „Reim’ Dich, oder ich freß’ Dich“, in Bargfelder Ausgabe, Bd. III/3, a.a.O., S. 344-346, hier S. 344.

Ebenfalls am 6. Februar 1957 schreibt Schmidt „Wüstenkönig ist der Löwe“ und erwähnt darin „den ‹Krüger=Park› der Südafrikanischen Union, wo man nach Belieben mit Pavianen, Grant=Gazellen oder Flußpferden zusammen frühstücken kann“[55]; das ist zwar zoologisch gesehen Unsinn, da Grant-Gazellen nicht in Süd-, sondern in Ostafrika beheimatet sind, aber wenigstens betreibt Schmidt den Unsinn konsequent weiter, indem er später dann in der *Gelehrtenrepublik*, wo mehrere eigentlich südafrikanische Pflanzen den amerikanisch sein sollenden Hominidenstreifen begrünen, auch die Zentauren als Verschmelzung von Menschen „mit Grant=Gazellen“ darstellt: „*sehr* glückliche Kombination!“[56] Der Text „Wüstenkönig ist der Löwe“ ist in erster Linie eine Kritik an den vielen Löwen, Adlern und sonstigem bösartigen Getier in den Wappen diverser Länder; als lobenswerteste Ausnahme preist Schmidt „die schöne Harfe des Freistaates Irland“[57], die folgerichtig das Inselwappen der *Gelehrtenrepublik* zieren wird.

7. Februar 1957: In „Dichtung und Dialekt“ spricht sich Schmidt gegen die Fesseln des *Duden* aus und fordert Schriftsteller, die „phonetisch=präzis sowohl die Technik verfolgen; als auch das organisch=wachsende Sprachgemisch der oberschlesischen Kumpels im Ruhr=‹Kohlenpott›“; „eine neue Rechtschreibung“, wie sie „der alternde Klopstock entwarf“, scheint ihm eine bessere Richtschnur als der *Duden*.[58]

---

[55] Arno Schmidt, „Wüstenkönig ist der Löwe“, in Bargfelder Ausgabe, Bd. III/3, a.a.O., S. 347-349, hier S. 347.

[56] Schmidt, *Die Gelehrtenrepublik*, a.a.O., S. 256.

[57] Schmidt, „Wüstenkönig ist der Löwe“, a.a.O., S. 348.

[58] Arno Schmidt, „Dichtung und Dialekt“, in Bargfelder Ausgabe, Bd. III/3, a.a.O., S. 350-352, hier S. 352.

Ebenfalls am 7. Februar 1957 bietet der Ullstein-Verlag Schmidt ein Buch zur Übersetzung an, das in der Tat das „organisch=wachsende Sprachgemisch“ (allerdings nicht oberschlesischer Ruhrpott-Kumpel, sondern amerikanischer Journalisten) enthält: den locker-flockigen Expeditionsbericht *Sorcerers' Village* von Hassoldt Davis über eine abenteuerliche Reise ins Innere der Elfenbeinküste. Schmidt prüft diesen „Entdeckerschinken aus dem dunkelsten Afrika“ offenbar sogleich durch ausführliche Lektüre und mokiert sich über „schwarze Schauermagie und weißes Schmalz“ darin[59], sagt aber nach einer knappen Woche dem Verlag zu.[60] Die Grundstruktur von *Sorcerers' Village* ist eine prächtige Vorlage für die *Gelehrtenrepublik*, denn wie Schmidts späterer Roman zerfällt auch das Davis-Buch in zwei Teile – zunächst reist der Autor mit seinen Begleitern von Abidjan aus auf der Suche nach dem unbekannten Zaubererdorf gen Norden und gelangt zum Volk der Lobi, von dessen Riten und Gebräuchen er berichtet, doch es stellt sich heraus, daß das Zaubererdorf anderswo gelegen sein muß; also folgt eine zweite Expedition, wiederum von Abidjan aus, die diesmal in die westliche Grenzregion der Elfenbeinküste und dort schließlich zum gewünschten Erfolg führt. Das titelgebende Zaubererdorf ist eine geheime internationale Stätte, an der Zauberer und Fetischer ihre Künste perfektionieren und an den Nachwuchs weitergeben, Normalsterbliche haben keinen Zutritt – es ist eine ähnlich exklusive kulturelle Stätte wie die

---

[59] Schmidt, *Der Briefwechsel mit Wilhelm Michels*, a.a.O., S. 64 (Brief Nr. 64 v. 16.2.57).

[60] Schmidt, *Der Briefwechsel mit Eberhard Schlotter*, a.a.O., S. 35 (Anmerkung des Herausgebers zu Brief Nr. 12 v. 8.3.57).

schwimmende Künstlerinsel bei Schmidt. Das Buch von Hassoldt Davis färbt in zu vielen Details auf Schmidts *Gelehrtenrepublik* ab, als daß diese Abfärbung hier auch nur ansatzweise darzustellen wäre; verwiesen sei auf meinen gesonderten Beitrag zu diesem Thema[61].

14. Februar 1957: Arno Schmidt, der immer noch darauf drängt, sein *Lilienthal*-Projekt in Angriff nehmen zu können, und zu diesem Zweck Literatur über die Französische Revolution verschlingt, notiert in seinem Tagebuch: „Kropotkin gelesen, und versucht d. franz. Revol. zu verstehen. (Mercier fehlt?)“[62] Offenbar steht ihm noch die Lektüre von Louis-Sébastien Merciers Revolutionsbericht *Le Nouveau Paris* bevor, eines Buches, das Schmidt irgendwann im Jahr 1957 erwirbt oder schon erworben hat.[63] In der *Gelehrtenrepublik* wird ein Maler namens Louis-Sébastien Mercier auftreten; außerdem basiert auf Merciers Buchtitel *Le Nouveau Paris* wohl Schmidts Idee, der Papst sei „umgesiedelt nach Nueva Roma“[64]. Als Winer bei Bob Singleton vorspricht, entdeckt er dort Einschlägiges: „Auf dem Schreibtisch, griffbereit, eben die Französische Revolution von 1789: »Lamartine!?«; und er nickte sachlich: »Nur plus

---

61 Vgl. Friedhelm Rathjen, „Gegenzauber im Hominidenstreifen. Arno Schmidt (üb)ersetzt Hassoldt Davis“, in Rudi Schweikert (Hg.), *Zettelkasten 25. Aufsätze und Arbeiten zum Werk Arno Schmidts. Jahrbuch der Gesellschaft der Arno-Schmidt-Leser 2007/2008* (Wiesenbach: Bangert & Metzler 2009), S. 17-68. Nachdruck im vorliegenden Band, S. 67-135.

62 Arno Schmidt, *Lilienthal 1801, oder Die Astronomen. Fragmente eines nicht geschriebenen Romans*, unter Mitarbeit v. Susanne Fischer hg. v. Bernd Rauschenbach (Zürich: Haffmans 1996), S. 17.

63 Vgl. Gätjens / Jürgensmeier, *Die Bibliothek Arno Schmidts*, a.a.O., Nr. 847.

64 Schmidt, *Die Gelehrtenrepublik*, a.a.O., S. 233.

Kropotkin zu verbrauchen.« – »Carlyle?«; er nahm die Pfeife aus dem Mund, um energischer: »Das ist ein Schwätzer!« sagen zu können."[65] Thomas Carlyles Werk *Die französische Revolution* besitzt Schmidt bereits seit dem 3. Januar[66], Alphonse de Lamartines *Geschichte der Girondisten* seit dem 4. Januar[67], Kropotkins *Die Französische Revolution 1789–1793* seit dem 10. Januar 1957[68].

Im Februar 1957 schreibt Schmidt den Essay „Die Meisterdiebe"; darin findet er es wiederum „als Ausdruck diametral entgegengesetzter Weltansicht vertretbar, wenn ich einerseits [...] die Atomenergie technikfreudig begrüße – und sie andererseits als unfehlbares Mittel der Selbstausrottung verdamme"[69], und bringt einen erneuten Verweis auf „Klopstocks ‚Gelehrtenrepublik'"[70] an. Aber auch ein neues Puzzlestück kommt ins Spiel, nämlich in Gestalt einer lobenden Erwähnung von „Stuckens ‹Weißen Göttern›, einem schönen Stück – obwohl freilich der Eros der Ferne und der Exotik mächtig zum Eindruck mithilft"[71]. Einen Querverweis auf Eduard Stuckens Romanversion der kolonialistischen Unterwerfung Amerikas (die womöglich Modellcharakter für die Darstellung des Verhältnisses „Förster" / Hominiden in Schmidts postatomarer Welt gehabt haben könnte) baut

---

[65] Ebd., S. 315.

[66] Vgl. Gätjens / Jürgensmeier, *Die Bibliothek Arno Schmidts*, a.a.O., Nr. 838.

[67] Vgl. ebd., Nr. 842.

[68] Vgl. ebd., Nr. 841.

[69] Arno Schmidt, „Die Meisterdiebe. Von Sinn und Wert des Plagiats", in Bargfelder Ausgabe, Bd. II/1, a.a.O., S. 333-357, hier S. 342.

[70] Ebd., S. 348.

[71] Ebd., S. 349.

Schmidt in die *Gelehrtenrepublik* ein, indem er Winer die IRAS-Bewohner als „die Weißen Götter“[72] bezeichnen läßt.

20. Februar 1957: In seine an diesem Tag geschriebene Kurzgeschichte „Am Fernrohr“ fügt Schmidt nicht nur eine Passage über Elternmorde an der Elfenbeinküste ein, die er fast wörtlich dem zu übersetzenden Buch von Hassoldt Davis entnimmt[73], sondern auch einen Querverweis auf „die alte große französische Revolution von 1789“, mit der Schmidt sich weiterhin wegen des *Lilienthal*-Projekts beschäftigt; dabei ausdrücklich erwähnt wird „auch Mercier, der unzuverlässig=fleißige Journalist“[74]. Daraus wird klar, warum Merciers Name in der *Gelehrtenrepublik* auftaucht und wie er zur Genese des Schmidtschen Romans beiträgt; nicht in den utopischen Zügen der *Gelehrtenrepublik* ist die Relevanz Merciers (den Schmidt keineswegs primär und womöglich gar nicht als utopischen Autor rezipiert hat) zu sehen, sondern im Entwurf der Erzählerfigur, des schnellfingrig-unzuverlässigen Journalisten Winer.

2. bis 4. März 1957: Schmidt entwirft zwei Klappentexte für seine Evan-Hunter-Übersetzung, die nach seinem

---

72 Schmidt, *Die Gelehrtenrepublik*, a.a.O., S. 309.

73 Vgl. Arno Schmidt, „Am Fernrohr“, in Bargfelder Ausgabe, Bd. I/4, a.a.O., S. 107-110, hier S. 110.

74 Ebd., S. 109. Zur Einschätzung Merciers vgl. auch Arno Schmidt, „Hundert Jahre (Einem Manne zum Gedenken)“, in Bargfelder Ausgabe, Bd. II/2 (Zürich: Haffmans 1990), S. 143-193, hier S. 161 f.: „Paris, das Louis Sébastien Mercier so unnachahmlich=falsch geschildert hat, mit den berüchtigten ‹Mitteln des Journalisten› – *(nüchtern):* der außerdem zumeist während der von ihm so ‹anschaulich geschilderten› Szenen in leichter Haft saß: ein unschätzbarer Vorteil für solche ‹Pseudisten›! Sie sind einerseits ‹Zeitgenossen›; und können andrerseits doch faselnfaseln, bis ihnen der schönfärbige Schaum vorm Plappermaul steht.“

Willen als „Zerstochener Orpheus" erscheinen soll, vom Verlag jedoch schließlich unter dem Titel *Aber wehe dem Einzelnen* auf den Markt gebracht wird. Wieder einmal geht Schmidt aufs Thema der atomaren Bedrohung ein, wenn auch wiederum nur, um sich von den zeittypischen Warnungen abzusetzen: „Das Problem unserer Zeit: das ist mit nichten die Atombombe, und die anschließende Aussicht auf einen vierwöchigen, blutspuckenden Totentanz der europäischen Millionenstädte; sondern die viel nachdenklich=verhängnisvollerere, laufend zu beobachtende Vorverlagerung menschlicher Erlebniskomplexe auf die ‚Teenagers', also in die Jahre zwischen 16 und Anfang 20!"[75] Entsprechend zwiespältig beurteilt Schmidt die Hauptfigur des Romans, den sehr jungen Jazz-Musiker Andy Silvera: „Äußerlich erfolgreich, gefährlich mit Geld überhäuft, lebt er nur in Hotels, Eisenbahnen, Bildergehusche aller Art"[76], also recht weitgehend unter jenen Umständen, unter denen Winer in der *Gelehrtenrepublik* geschildert wird. Und weiter: „wenn nach jedem rauschhaften Konzertieren das Instrument den müde gespielten Fingern entsinkt, weiß er keinen andern Rat, als die unausbleiblich=anschließenden Stunden der Erschöpfung ebenfalls mit neuen, giftig=regsamen Bildern zu beleben. Das leistet Alkohol; erst in kleinen, dann in größeren Gaben. Vermittelt durch, selbst haltlose, ältere Kollegen gesellen sich bedrohlich Rauschgifte hinzu; bis hinauf zum ‚Weißen Gott',

---

[75] Arno Schmidt, „Zwei Klappentextentwürfe für Evan Hunter: ›Aber wehe dem Einzelnen‹", in *Fragmente*, a.a.O., S. 271-273, hier S. 271.

[76] Ebd., S. 272.

zum allmächtigen Heroin."[77] All das – die „Stunden der Erschöpfung", die Überhäufung mit „giftig=regsamen Bildern", der Einsatz von Alkohol als eine Art Gegengift, schließlich ‚Weiße Götter', wenngleich einer ganz anderen Art – finden wir in Schmidts *Gelehrtenrepublik* wieder.

12. März 1957: Schmidt berichtet Michels, daß nun auch „der Generalintendant der städtischen Bühnen, Köln, nach dem ‚Massenbach' fragt"[78]; auch aus diesem Projekt wird allerdings nichts.

März 1957: Schmidt schreibt den Funkdialog „Klopstock oder verkenne Dich selbst", in dem es selbstverständlich auch um Klopstocks *Die deutsche Gelehrtenrepublik* geht; nicht nur in dieser Hinsicht freilich werden Details aus Schmidts späterem Roman antizipiert. Schmidt erwähnt Klopstocks Hymne auf den „Barbaren Hermann, dem er Frau Thusnelda blutrünstig=vaterländisch [...] entgegenröcheln ließ"[79]; in Schmidts *Gelehrtenrepublik* finden wir dann in kaum weniger röchelndem Kontext ein „Schenkelpaar: rechts Thusnelda, links Messalina."[80] Klopstocks Technikfeindlichkeit illustriert Schmidt mit dessen Ignoranz, „über die, damals eben neu erfundenen, *Luft*ballons [zu] spotten"[81], was daran erinnert, daß Winer einen Teil des Hominidenstreifens mit einem Gasballon überquert. In seinem Essay zitiert Schmidt „zwei der wenigen, erhaltenen, Bruchstücke" aus Klopstocks „Denkmalen der Deutschen", und beide tauchen in

---

[77] Ebd.

[78] Schmidt, *Der Briefwechsel mit Wilhelm Michels*, a.a.O., S. 67 (Brief Nr. 67 v. 12.3.57).

[79] Arno Schmidt, „Klopstock oder verkenne dich selbst", in Bargfelder Ausgabe, Bd. II/1, a.a.O., S. 359-388, hier S. 383.

[80] Schmidt, *Die Gelehrtenrepublik*, a.a.O., S. 296.

[81] Schmidt, „Klopstock oder verkenne Dich selbst", a.a.O., S. 384.

seiner eigenen *Gelehrtenrepublik* leicht verwandelt wieder auf. Erstens: „*Britanniens Eroberung*. Hengst und Horst sprangen aus zween Kiulen ans Ufer –: nach siebzig Jahren hieß Britannien England!“[82]; Schmidt macht daraus „1 Stute: 1 Hengst: Hengist & Horsa [...]: einmal ‹Dschäin›; einmal ‹Stäffän›“[83]. Zweitens: „*Die 10 Feldzüge*. Von Ariovist bis Hermann thaten die Römer 10 Feldzüge nach Deutschland: einen gegen Hütten; zween zur Schau; einen geflüchteten; fünf siegende; keinen erobernden; den letzten ohne Wiederkehr“[84]; Schmidt macht daraus: „Von Konrad bis Adenauer taten die Deutschen 10 Feldzüge nach Rußland: 4 gegen Hütten; 2 zur Schau; 2 geflüchtete; 2 erobernde; keinen siegenden; den letzten ohne Wiederkehr.“[85] Ursprünglich hatte Schmidt mit dem Gedanken gespielt, Klopstocks *Gelehrtenrepublik* in *Lilienthal* als Lektüre des Amtmanns Schroeter zu diskutieren[86]; bei der Wiederaufnahme des *Lilienthal*-Plans Ende September 1957 ist das Buch jedoch aus Schroeters Lektürekanon verschwunden[87] – vermutlich betrachtet Schmidt den Komplex nach Abfassung des Klopstock-Funkessays und/oder der eigenen *Gelehrtenrepublik* als erledigt.

25. März 1957: Arno Schmidt erhält Besuch von einem *Spiegel*-Reporter[88], worüber er sich später äußerst miß-

---

[82] Ebd., S. 385.

[83] Schmidt, *Die Gelehrtenrepublik*, a.a.O., S. 385.

[84] Schmidt, „Klopstock oder verkenne Dich selbst“, a.a.O., S. 385.

[85] Schmidt, *Die Gelehrtenrepublik*, a.a.O., S. 323.

[86] Vgl. Schmidt, *Lilienthal 1801*, a.a.O., S. 42 (Dokument 7 v. 25.6.56).

[87] Vgl. ebd., S. 52 (Dokument 11 v. 25.9.57).

[88] Bernd Rauschenbach, „Editorisches Nachwort zur Entstehung des Romans“, in Arno Schmidt, *Die Gelehrtenrepublik. Kurzroman aus den Rossbreiten* (Zürich: Haffmans 1993), S. 201-208, hier S. 202.

fällig äußert: „Krawehl – der doch als mein Verleger hinter publicity aller Art her ist; hat [...] mich [...] gezwungen, ein Schwein von Spiegel=Reporter zu empfangen!“[89] Neben den journalistischen Buchautoren Hassoldt Davis und Louis-Sébastien Mercier geht vermutlich auch dieser Reporter in die Winer-Figur ein.

Am 28. März 1957 hat Arno Schmidt spätvormittags eine Idee, die er sogleich auf einem Zettel notiert: „*Die Kunst=Insel Utopie* (lächerlich machen!!) (1. Einfall: ‚Faun‘, S. .....)“[90]. Diese „*Kunst=Insel Utopie*“ will er in einem Text à la „Tina“ und „Goethe“ umsetzen, wie sein Eintrag im Tagebuch zeigt: „Ich habe 1. Einfall zur 3. großen Groteske, der ‚Kunstinsel‘; [...] und mache viele Notizen.“[91] Gemäß seiner früheren Auskunft an Andersch handelt es sich also um eine weitere „Selbst=Schutzimpfung“ dagegen, daß er „zwischen Asfaltfloren und =faunen leben muß“[92], Schmidt scheint sich damit abgefunden zu haben, daß das ersehnte Landleben (und damit eigentlich auch die Verwirklichung des *Lilienthal*-Projekts) bis auf weiteres außer Reichweite ist. Einige Ideen, die Schmidt zuvor für *Lilienthal* entwickelt hat, überträgt er nun offenbar auf das neue Schreibprojekt, so den „Plan der Menscheneinkonservierung“[93], also der Anlegung von „Menschenkonserven wegen Überbevölkerung“[94].

---

[89] Schmidt, *Der Briefwechsel mit Alfred Andersch*, a.a.O., S. 122 (Brief Nr. 136 v. 9.7.57).

[90] Rauschenbach, „Editorisches Nachwort“, a.a.O., S. 201.

[91] Ebd.

[92] Schmidt, *Der Briefwechsel mit Alfred Andersch*, a.a.O., S. 110 (Brief Nr. 118 v. 19.1.57).

[93] Alice Schmidt, Tagebucheintrag v. 29.4.56, zitiert nach *Lilienthal 1801*, a.a.O., S. 14.

[94] Alice Schmidt, Tagebucheintrag v. 25.6.56, zitiert nach ebd.

29. März 1957: Schmidt macht sich seinem Tagebuch zufolge „Notizen für ‚Gelehrtenrepublik'" (der Titel des neuen Schreibprojekts steht also schon fest!); abends erhält er Besuch von einem Reporter des *Darmstädter Tageblatts.*[95] Auch dieser Journalistenbesuch und das Ergebnis, das später im Lokalblatt zu finden sein wird, sind keineswegs dazu angetan, Schmidts habitueller Verachtung des Journalistenberufs entgegenzuwirken; Schmidt kommentiert den Fall Wilhelm Michels gegenüber sarkastisch: „Es ist ein schönes Stück Journalistenarbeit: gerade, als ob er mit Fleiß versucht hätte, Fehler zu machen! Wenn der Sturmwind die Details auseinander= und dann wieder zusammengejagt hätte, die Konfusion könnte kaum größer sein. [...]; als ich ihm nach einstündiger Unterhaltung riet, er möge sich doch Stichworte notieren, entgegnete er abwehrend: er merke sich das alles so – ecce signum."[96] Auch diese Erfahrung geht vermutlich in die Charakterzeichnung von Charles Henry Winer ein.

5. April 1957: Schmidt schreibt an Andersch: „Ich tagelöhnere auch wieder hübsch regelmäßig: 6 Stunden am Tage übersetzen; den Rest zum Posterledigen; evtl. ab und zu ne Kurzgeschichte produzieren: so liegt mein Pensum für April und Mai fest."[97] Die Arbeit an der Übersetzung von *Sorcerers' Village* als *Das Dorf der Zauberer* hat also begonnen, die weitere Konzeption der *Gelehrtenrepublik* muß folglich zurückstehen – um so weniger verwunderlich ist

---

95 Rauschenbach, „Editorisches Nachwort", a.a.O., S. 202.

96 Schmidt, *Der Briefwechsel mit Wilhelm Michels*, a.a.O., S. 68 (Brief Nr. 69 v. 29.4.57).

97 Schmidt, *Der Briefwechsel mit Alfred Andersch*, a.a.O., S. 116 (Brief Nr. 125 v. 5.4.57).

jedoch, daß Details aus dem *Dorf der Zauberer* auf Schmidts eigenes Textvorhaben abfärben.

24. April 1957: Schmidt erwirbt Stuckens Roman *Die weißen Götter*[98]; ob er das Buch zuvor schon aus eigener Lektüre kannte, ist ungewiß.

5. Mai 1957: Schmidt unterbricht die Übersetzungsarbeit, um auf Drängen seiner Frau für einen Wettbewerb die Kurzgeschichte „Dichter machen" zu entwerfen. Eine der Figuren (zunächst einen gewissen „v. Dieskau", dann statt dessen einen „Albert Leroy" – den Namen hat Schmidt in Davis' *Sorcerers' Village* finden können) versieht er mit den Stichworten „Wüste & Urwald. / ‚Die Seineinseln'"[99], wobei der „Urwald" und die ‚Inseln' schon die beiden Schauplätze der *Gelehrtenrepublik* vorwegnehmen. Statt „Dichter machen", das Fragment bleibt, schreibt Schmidt jedoch dann die Geschichte „Schulausflug", dessen Erzähler sich zwar als Schriftsteller vorstellt, seiner Schülerin aber vornehmlich journalistische Techniken beizubringen scheint, die auf die Arbeits- und Wahrnehmungsweisen Charles Henry Winers vorausweisen: „nehmen Sie den Notizblock mit, wir machen Studien, wir gehen auf Bilderjagd: Schulausflug!"[100]

9. Mai 1957: Schmidt erwirbt zwei Bücher, die im Westen Nordamerikas spielen, nämlich den Roman *Gold in New Frisco* von R. Arden (Lieselotte

---

98 Vgl. Gätjens / Jürgensmeier, *Die Bibliothek Arno Schmidts*, a.a.O., Nr. 452.5.

99 Arno Schmidt, „Dichter machen", in *Fragmente*, a.a.O., S. 47-51, hier S. 49; der Hinweis darauf, daß die Stichworte „Wüste & Urwald" zunächst bei „v. Dieskau" notiert und dann dort gestrichen wurden, findet sich im Anhang ebd., S. 367.

100 Arno Schmidt, „Schulausflug", in Bargfelder Ausgabe, Bd. I/4, a.a.O., S. 111-119, hier S. 114.

Schmolke)[101] und Francis Parkmans bekannten Expeditions- und Reisebericht *The Oregon Trail*[102].

16. Mai 1957: Schmidt erwirbt eine Werkausgabe Laurence Sternes, in der sowohl der *Tristram Shandy* als auch die klassische Reisebeschreibung *Sentimental Journey through France and Italy* enthalten ist.[103] Dem Genre der Reisebeschreibung läßt sich der erste Teil von Schmidts *Gelehrtenrepublik* zurechnen, in dem eine (als solche nicht identifizierte) Formulierung aus dem *Tristram Shandy* – „the lambent pubilability of slow=low dry chat“[104] – benutzt wird, um die übersetzerischen Defizite Chr. M. Stadions aufs Korn zu nehmen; auch die Bezeichnung der den Hominidenstreifen begrenzenden Mauer als „World's End“[105] könnte auf eine Stelle im *Tristram Shandy* zurückgehen[106].

---

101 Vgl. Gätjens / Jürgensmeier, *Die Bibliothek Arno Schmidts*, a.a.O., Nr. 337.

102 Vgl. ebd., Nr. 932.

103 Vgl. ebd., Nr. 591.1.

104 Schmidt, *Die Gelehrtenrepublik*, a.a.O., S. 250. Vgl. Laurence Sterne, *The Life and Opinions of Tristram Shandy, Gentleman*, Bd. IV (London: Printed for R. and J. Dodsley in Pall-Mall 1761), Kap. I, S. 75 f.: „how this can ever be translated, and yet if this specimen of *Slawkenbergius's* tales, and the exquisiteness of his moral should please the world – [...] What can he mean by the lambent pupilability of slow, low, dry chat, five notes below the natural tone, – which you know, madam, is little more than a whisper?“

105 Schmidt, *Die Gelehrtenrepublik*, a.a.O., S. 239, 254

106 Vgl. Laurence Sterne, *The Life and Opinions of Tristram Shandy, Gentleman*, Bd. V (London: Printed for T. Becket and P.A. Dehont, in the Strand 1762), Kap. XI, S. 59: „For all this, I reverence truth as much as any body; and when it has slipped us, if a man will but take me by the hand, and go quietly and search for it, as for a thing we have both lost, and can neither of us do well without, – I'll go to the world's end with him“.

Ebenfalls am 16. Mai 1957 bietet der Verlag Scherz & Goverts Schmidt die Übersetzung eines Romans des Amerikaners Wright Morris an, der im Original den Titel *The Deep Sleep* trägt; Schmidt sagt postwendend zu, doch der Verlag zieht das Angebot am 23. Mai zurück; das Buch erscheint später auf deutsch unter einem Titel, der durchaus Schmidts 1957er Romanprojekt assoziieren läßt, nämlich *Die gläserne Insel.*[107]

28. Mai 1957: Unmittelbar nach Beendigung seiner Übersetzungsarbeit *Das Dorf der Zauberer* schreibt Schmidt den kurzen Feuilletontext „Der Dichter und die Mathematik", in dem er Schriftsteller, „die von der *Intuition* her kommen; und die anderen, die ihre Kunstwerke auf dem Wege der *Konstruktion* herstellen"[108], einander gegenüberstellt; diese beiden Schulen werden dann in der *Gelehrtenrepublik* als ‚Genien' einerseits und ‚Ingenieure' andererseits kontrastiert.

Mai / Juni 1957: In einem Text mit dem Titel „Die Sechse", der jedoch Fragment bleibt, widmet Schmidt sich der Frage, ob es im Weimar der Klassiker wohl zugegangen sei „wie im Paradiese", und kommt zu dem Ergebnis: „Die Wahrheit ist, daß man sich Beine stellte, wie und wo man nur konnte!"[109] Die *Gelehrtenrepublik* wird dieses Ergebnis in vielerlei Hinsicht illustrieren.

Juni 1957: Schmidt schreibt den Funkessay „Die Schreckensmänner" über Karl Philipp Moritz. Dessen Alter ego

---

[107] Vgl. Arno Schmidt, *Der Briefwechsel mit Kollegen*, hg. von Gregor Strick (Frankfurt a.M.: Suhrkamp 2007), S. 126 (Herausgeberanmerkung zu Nr. 129 / Schmidt an Rühmkorf, 21.5.57).

[108] Arno Schmidt, „Der Dichter und die Mathematik", in Bargfelder Ausgabe, Bd. III/3, a.a.O., S. 356-359, hier S. 358.

[109] Arno Schmidt, „Die Sechse", in *Fragmente*, a.a.O., S. 274-287, hier S. 280.

Anton Reiser wird von Schmidt als „ein ‹a›=soziales Element“ dargestellt, das zwischen überhellen Wach- und dunklen Schlafphasen wechselt (wie man dies auch von Charles Henry Winer sagen könnte): „Wenn nun nach Tagen solchen Heilschlafes Antons Phantasie wieder zu arbeiten beginnt, so sind es keine reizenden Bilder, die sie erzeugt. Sich selbst überlassen bringt sie Träume hervor, etwa von einsamen Wüstenwanderungen, lautlos klappern die Schuhe, nur zuweilen foppt ein Ringelreihen spottender Mit=Dämonen.“[110] Träume, Wüstenwanderungen und dämonische „Ringelreihen“ werden in Schmidts *Gelehrtenrepublik* nicht fehlen.

20. Juni 1957: In Arno Schmidts Tagebucheintrag folgt auf das Zeichen für Alkoholkonsum: „Fantasien ‚Gelehrtenrepublik‘. Lilli Reinschrift ‚Moritz‘. Ich Gedanken zur ‚Gelehrtenrepublik‘.“[111]

22. Juni 1957: Schmidt hat, wie er in seinem Tagebuch notiert, weitere „Einfälle zur ‚Gelehrtenrepublik‘“[112]

28. Juni 1957: Arno Schmidts Idol Alfred Döblin stirbt. In der *Gelehrtenrepublik* wird Winer, als er ein Standbild Gerhart Hauptmanns als sich räkelnder Sesselsitzer erblickt, „während Alfred Döblin, daneben, zu Fuß gehen mußte“, urteilen: „Das hätten Sie umgekehrt machen sollen!“[113]

Juli 1957: Schmidt überarbeitet den bereits im August des Vorjahres geschriebenen Funktext „Das schönere Europa“, in dem er von der historisch einmaligen Gelegenheit berichtet, daß „den vereinten Anstren-

---

[110] Arno Schmidt, „Die Schreckensmänner. Karl Philipp Moritz zum 200. Geburtstag“, in Bargfelder Ausgabe, Bd. II/1, a.a.O., S. 389-411, hier S. 406.

[111] Rauschenbach, „Editorisches Nachwort“, a.a.O., S. 202.

[112] Ebd., S. 202.

[113] Schmidt, *Die Gelehrtenrepublik*, a.a.O., S. 92.

gungen der europäischen Gelehrtenrepublik“[114] einmal etwas gelang, nämlich die koordinierte Beobachtung und Auswertung des Venusdurchgangs von 1769, wozu auch „die kalifornischen Beobachter“[115] im Durchreisegebiet Charles Henry Winers ihr Scherflein beitragen.

6. Juli 1957: Schmidt beschafft sich – offensichtlich für die Beschäftigung mit dem Joyceschen *Ulysses* – einen *Large Scale Plan of Dublin.*[116] Im weiteren Verlauf des Juli schreibt er unter dem Titel „Der Bogen des Odysseus“ eine erste Fassung seiner *Ulysses*-Übersetzungskritik, die mit einem Zitat aus Klopstocks *Gelehrtenrepublik* endet[117]; zuvor hat er in dem Text Irland gepriesen als „das Land, das anstatt der sonst üblichen Raubtiere, Löwen und Adler und anderes heroisches Zeug, eine Harfe im Wappen führt“, und unter Bezug auf eine *Ulysses*-Stelle ausgerufen: „Irland, wie quillt es über von ländlicher Fruchtbarkeit, willig dem Häuptling O'Connell Fitzsimon dargebracht!“[118]; dieser „Fitzsimon“ wird in Schmidts *Gelehrtenrepublik* wieder auferstehen in Gestalt von „Mister Fitzsimmons“, einem „quecksilbrige[n] Ire[n]“, der Winer am Kai herumführt und ihm in diversen „Großschuppen“ die überquellenden Produkte geistiger Fruchtbarkeit

---

[114] Arno Schmidt, „Das schönere Europa“, in Bargfelder Ausgabe, Bd. II/1, a.a.O., S. 265-274, hier S. 269.

[115] Ebd., S. 271.

[116] Vgl. Gätjens / Jürgensmeier, *Die Bibliothek Arno Schmidts*, a.a.O., Nr. 956.2.

[117] Vgl. Arno Schmidt, „Der Bogen des Odysseus. Notwendige Berichtigung der Behauptung, daß ein Deutscher ihn neulich gespannt hätte“, in Bargfelder Ausgabe, Bd. II/2 (Zürich: Haffmans 1990), S. 7-30, hier S. 30.

[118] Ebd., S. 13.

zeigt, nämlich „Kisten [...] mit Büchern aus unsrer Herren Länder“, aber auch von „Frischobst in Eistruhen“[119] schwärmt, das den IRAS-Bewohnern dargebracht wird.

Am 14. Juli 1957 treibt Schmidt, wie er in seinem Tagebuch vermerkt, unter alkoholischer Befeuerung die „‚Gelehrtenrepublik‘ entscheidend voran: das würde ein schönes & gewichtiges Stück; fantastisch & gut! Aufgenommen in Kartei!!“; Resultat sind unter anderem ein zwei Seiten umfassendes Handlungsgerüst und ein kleiner Grundriß der IRAS.[120]

15. Juli 1957: Schmidt notiert im Tagebuch: „‚Gelehrtenrepublik‘ durchdenken. Viele Notizen zur ‚Gelehrtenrepublik‘ – Ob ich's schreibe?“[121]

16. Juli 1957: Schmidt notiert im Tagebuch: „Notizensammlung zur ‚Gelehrtenrepublik‘ / Ich [...] mache Gedankenordnung ‚Gel.‘ fertig.“; am Vormittag entsteht ein fünf Seiten umfassender zweiter Entwurf des Handlungsgerüsts[122]; nachmittags kauft Schmidt sich Alexander von Humboldts *Reise in die Aequinoctial-Gegenden des neuen Continents*[123], ein Werk, das das Zielgebiet der *Gelehrtenrepublik* behandelt.

17. Juli 1957: Schmidt notiert im Tagebuch: „Viele Notizen zu ‚Gel. Rep.‘“[124]

18. Juli 1957: Schmidt notiert im Tagebuch: „Ich ‚Gelehrtenrepublik‘ Kästchen machen u. viele Notizen“[125].

---

[119] Schmidt, *Die Gelehrtenrepublik*, a.a.O., S. 275.

[120] Rauschenbach, „Editorisches Nachwort“, a.a.O., S. 202.

[121] Ebd.

[122] Ebd.

[123] Vgl. Gätjens / Jürgensmeier, *Die Bibliothek Arno Schmidts*, a.a.O., Nr. 921.

[124] Rauschenbach, „Editorisches Nachwort“, a.a.O., S. 202.

[125] Ebd.

19. Juli 1957: Die Geburt wird eingeleitet, die Preßwehen setzen ein. Im Tagebuch notiert sich Schmidt: „Ich versuche ‚Gelehrtenrepublik' 6 Seiten! [Alkohol] und Kaffee: es geht besser ohne [Alkohol]! / Notizen zu ‚Gel.'"[126]

20. Juli 1957: Schmidt kreißt weiter und bringt wiederum sechs Textseiten zu Papier.[127]

21. Juli 1957: Bis zehn Uhr vormittags schafft Schmidt weitere sechs Seiten, dann erscheint die Hebamme, nämlich Verleger Ernst Krawehl; Schmidt notiert in seinem Tagebuch: „Einigen uns auf ein neues Buch, abzuliefern Mitte August (!!!): ‚Die Gelehrtenrepublik. Oder von Nevada zum Sargassomeer. Ein Kurzroman'. : Nun heißt es schmieren & schuften!!"[128] Schmidt verkauft Krawehl die rasche Entbindung von der *Gelehrtenrepublik* in doppelter Hinsicht als Vorbedingung für die immer noch angestrebte Umsetzung des *Lilienthal*-Projekts – zum einen sei es eine „bloße Handübung [...], um für ‚Lilienthal' die Kompositionstechnik größerer Massen wieder in den Griff zu bekommen"[129], nachdem Schmidt schon zwei Jahre keinen so umfänglichen Text mehr geschrieben hat, und zum anderen müsse er „das Ganze aus dem Kopf" bekommen, um besagten Kopf frei zu haben, wenn er (nach seiner Planung Ende September) „ernsthaft mit Lilienthal beginne"[130].

22. Juli 1957: Schmidt schreibt weitere fünfzehn Textseiten, zeichnet eine größere und genauere Karte der

---

[126] Ebd.

[127] Vgl. ebd.

[128] Ebd., S. 202 f.

[129] Arno Schmidt, Brief an Ernst Krawehl v. 6.8.57, zitiert nach *Lilienthal 1801*, a.a.O., S. 20.

[130] Arno Schmidt, Brief an Ernst Krawehl v. 24.7.57, zitiert nach Rauschenbach, „Editorisches Nachwort", a.a.O., S. 203.

IRAS und telegraphiert Krawehl, der Untertitel sei geändert in „Kurzroman aus den Roßbreiten“.[131]

23. Juli 1957: Die Geburt stockt, Schmidt schreibt offenbar an diesem Tag nicht weiter am Text. Er erwirbt *Das Gesammelte Werk* in 17 Bänden des in der *Gelehrtenrepublik* erwähnten Gerhart Hauptmann.[132]

24. Juli 1957: Nachdem Schmidt weitere drei Textseiten der *Gelehrtenrepublik* zu Papier gebracht hat (Winers Durchquerung des Hominidenstreifens ist abgeschlossen), bringt die Post einen Brief von Krawehl, der die Geburtswehen zum Aussetzen bringt; Krawehl will das Buch entgegen der Absprachen nun doch erst im Februar 1958 auf den Markt bringen. Schmidt notiert im Tagebuch: „sofort den Dreck hingehauen! / [Alkoholgenuß] und Schluß!!“[133] In einem geharnischten Brief an Krawehl erläutert Schmidt, warum das rasche Erscheinen des Buches so wichtig sei; seine Frau schreibt ebenfalls an Krawehl und schimpft, daß er „so viel kaputt gemacht“[134] habe.

25. Juli 1957: Die Stockung der Geburt erweist sich als nur kurzzeitige, Schmidt schreibt fünf weitere Textseiten und notiert im Tagebuch, er mache zudem „pausenlos Vorarbeiten, (Karte der Insel!!) zumal Zettel=Ordnen & Sichten (werde wahrscheinlich morgen weiter machen können!)“[135].

---

131 Ebd.

132 Vgl. Gätjens / Jürgensmeier, *Die Bibliothek Arno Schmidts*, a.a.O., Nr. 383.1.

133 Rauschenbach, „Editorisches Nachwort“, a.a.O., S. 203.

134 Ebd., S. 204.

135 Ebd., S. 205.

26. Juli 1957: Schmidt schreibt weitere sieben Seiten der *Gelehrtenrepublik*[136] und erwirbt einen Chronik- und Bildband über *Gerhart Hauptmanns Leben*[137].

27. Juli 1957: Schmidt schreibt weitere neun Seiten und zeichnet die Karte der IRAS ins Reine; es trifft ein Brief von Krawehl ein, der beteuert, er werde sein Möglichstes tun, doch noch ein raschen Erscheinen des Buches zu gewährleisten.[138]

28. Juli 1957: Schmidt schreibt wiederum acht Seiten.

29. Juli 1957: Weitere sieben Seiten werden geschrieben; Schmidt notiert im Tagebuch: „ich ordne Zettel für morgen: russische Hälfte / Ich merke, daß ich mir wieder Herz & Magen ruiniert habe (Kaffee & Alkohol) – Wird Zeit, daß d. Schluß kommt."[139]

30. Juli 1957: Schmidt schreibt wiederum neun Seiten.

31. Juli 1957: Schmidt schreibt weitere sieben Seiten und ordnet die Notizen für das Schlußpensum.

1. August 1957: Schmidt schreibt die letzten acht Seiten und notiert im Tagebuch: „‚Gelehrtenrepublik' 100 Ss. 12[53] beendet! / Postkarte an Krawehl: beendet!"[140] Das Kind ist da. Die Reinschrift (vom 3. bis zum 9. August) und die Absendung an Krawehl (am 10. August) gehören bereits zum Prozeß der Abnabelung, der sofort nach der Niederkunft einsetzt, denn Schmidt schielt schon auf seinen nächsten Sproß, das so lange bedachte und nun schleunigst an den Wehentropf zu hängende *Lilienthal.* Mit der Abnabelung beginnt auch sogleich die Entfremdung von der *Gelehrtenrepublik*; als Alfred Andersch den am 2.

---

136 Vgl. ebd.

137 Vgl. Gätjens / Jürgensmeier, *Die Bibliothek Arno Schmidts*, a.a.O., Nr. 383.2.

138 Vgl. Rauschenbach, „Editorisches Nachwort", a.a.O., S. 205.

139 Ebd.

140 Ebd.

November 1957 erschienenen Roman milde bemäkelt, behandelt Schmidt das kurz zuvor erst geborene Buch bereits wie einen Verstorbenen, spricht von der „IRAS seligen Angedenkens“[141], verteidigt den Text recht lahm unter Verweis auf einen angeblichen inneren Zusammenhang mit dem schon lange ad acta gelegten Text „Schwarze Spiegel“, der in der Zeit der *Gelehrtenrepublik*-Schwangerschaft überhaupt keine Rolle gespielt hat, und schließt: „So; nun genug (und wahrscheinlich schon viel zu viel) von der ‚Gel.= Rep.‘“[142] Zum Glück sind Arno Schmidts Bücher ausgesprochene Nestflüchter und keine Nesthocker, wenn sie erst auf der Welt sind, brauchen sie ihren Rabenvater nicht mehr und gehen ihren eigenen Weg.

---

[141] Schmidt, *Der Briefwechsel mit Alfred Andersch*, a.a.O., S. 138 (Brief Nr. 156 v. 15.11.57).
[142] Vgl. ebd., S. 139 (Brief Nr. 156 v. 15.11.57).

IRAS auf Eis
Arno Schmidt (üb)ersetzt Hammond Innes

Am 27. Dezember 1950 begann Arno Schmidt, wie das Tagebuch seiner Frau Alice ausweist, die Arbeit an seiner ersten Übersetzung für den Rowohlt-Verlag, und schon knapp einen Monat später – am 19. Januar 1951 – war er damit fertig: *Der weiße Süden* von Hammond Innes.[1] Der englische Autor wird vom Waschzettel der Schmidt-Übersetzung als „der bekannteste und beliebteste englische Vertreter“ des Abenteuerromans gerühmt, als „Meister der Spannung“, der „sein Werk mit Dramatik und Sensation“ speise und in „der Schilderung großer Naturkatastrophen in Schnee und Eis, tobender Orkane und vernichtender Vulkanausbrüche“ exzelliere. Der Leser fühle sich in *Der weiße Süden* „zugleich an Jack London und an Edgar Wallace erinnert, wenn Hammond Innes Naturkatastrophe, Mord und Meuterei zu einer bewegten Handlung verbindet.“[2] Diese Charakterisierung vielleicht mehr noch als die Schnelligkeit des Übersetzens mag beim Kenner der literarischen Vorlieben Arno Schmidts jeden Verdacht zerstreuen, es könne sich bei diesem übersetzerischen Einstand doch um mehr als nur eine jener Brotarbeiten gehandelt haben, für die Schmidt späterhin „kein gut Wort“[3] geben wollte. *Der weiße Süden*

---

[1] Ein Kapitel wurde bereits Mitte Dezember 1950 probeübersetzt. Angaben von Bernd Rauschenbach (Brief an Friedhelm Rathjen vom 10. Mai 1988).

[2] Anon., „Zu diesem Buch“, in Hammond Innes, *Der weiße Süden*, üb. v. Arno Schmidt (Hamburg: Rowohlt 1952), vor der Paginierung.

[3] Arno Schmidt, „Dankadresse zum Goethepreis 1973“, in Bargfelder Ausgabe, Bd. III/4 (Zürich: Haffmans 1995), S. 462-466, hier S. 464.

hat Schmidt um des lieben Geldes willen herunterübersetzt, soviel ist offenkundig.

1

Unter diesen Umständen will es kaum Wunder nehmen, daß Rainer Barczaitis in seiner Dissertation zur Übersetzungsarbeit Arno Schmidts gerade für die Innes-Übertragung eine Unzahl von Fehlern Schmidts nachweisen kann. Die Unzuverlässigkeit der Schmidtschen Textfassung reicht von Auslassungen[4] über nicht selten allerplumpeste Fehlübersetzungen, die schon einmal ein „at least“[5] mit „zuletzt“[6] oder ein „faintly“[7] mit „deutlich“[8] wiedergeben[9], bis hin zur weitgehenden Einebnung von Dialekten[10]. Die sehr ins Einzelne gehenden Beobachtungen und auch Systematisierungen von Barczaitis sollen hier nicht weiter wiederholt werden; zur Veranschaulichung mag der Hinweis ausreichen, daß er in einem Textkorpus, das im Original 1000 und in Schmidts deutscher Fassung 901 Wörter umfaßt, nicht weniger als zehn Fehler und neun Auslassungen gefunden hat[11]. Im übrigen bestätigt sich bei genauerem Hinsehen die Vermutung, die nicht eben überwältigende handwerkliche Qualität der Innes-

---

4 Vgl. Rainer Barczaitis, *„Kein simpel-biedrer Sprachferge“. Arno Schmidt als Übersetzer* (Frankfurt a.M.: Bangert & Metzler 1985), S. 41-43.

5 Hammond Innes, *The White South* (Glasgow: Fontana Paperbacks [27]1985), S. 192: „At least the idea [...] appealed to me in its daring.“

6 Innes, *Der weiße Süden*, a.a.O., S. 156: „Zuletzt gewann die Idee [...] einen tollkühnen Reiz für mich.“

7 Innes, *The White South*, a.a.O., S. 153: „Faintly through the still air came the rumble and crack of the pressure ridges“.

8 Innes, *Der weiße Süden*, a.a.O., S. 124: „durch die stille Luft hörte man deutlich das Grollen und Krachen des Eises“.

9 Vgl. Barczaitis, *„Kein simpel-biedrer Sprachferge“*, a.a.O., S. 44.

10 Vgl. ebd., S. 58-80.

11 Vgl. ebd., S. 88.

Übersetzung könne etwas mit dem Status der reinen Brotarbeit zu tun haben, der ihr beikommt. Einige Ausdrücke und Wendungen nämlich sind an Textstellen, die sogar dicht beieinander stehen können, einmal falsch und einmal richtig übersetzt[12], und auch an anderen Phänomenen läßt sich ablesen, daß ohne Rücksicht auf den Kontext und ohne den Willen, vorausschauend und rückgreifend für die Homogenität aller Werkteile Sorge zu tragen, übersetzt wurde. Ein *Spiegel*-Reporter konnte der Leserschaft über Schmidts frühe Übersetzungen berichten, daß sie „direkt in die Maschine" diktiert würden[13], und die Textgestalt des deutschen Innes-Bandes läßt Zweifel an dieser Darstellung gerade nicht aufkommen.

Damit freilich ist nun noch nicht gesagt, daß Schmidts eigenes Werk und sein sprachlicher Gestaltungswille mit der Innes-Übersetzung gar nichts zu tun hätten; gelegentlich dürfen im Wortstrom des Abenteuerromans doch auch einige Schmidtianismen mitschwimmen. Wenn Innes schreibt, „His great laugh seemed to rattle round the ship"[14], so heißt das bei Schmidt: „Sein großes Gelach schollerte rund ums Schiff"[15]; „The opaque, iridescent light faded [...] till it was dead, white glare"[16] wird zu „das schillernde, perlmutterne Licht verlosch in kalkiger Weiße"[17]; die „screaming world of wind"[18] zur „Welt voll Windgekreisch"[19]. Solche beweglichen Wortfügungen bleiben allerdings seltene Ausnahmen; in aller Regel begnügt sich

---

[12] Beispiele ebd., S. 45, 75.

[13] Anon., „Mensch nach der Katastrophe", in *Der Spiegel*, 6. Jg. 1952, Nr. 6, 6. Februar 1952, S. 31 f., hier S. 32.

[14] Innes, *The White South*, a.a.O., S. 108.

[15] Innes, *Der weiße Süden*, a.a.O., S. 86.

[16] Innes, *The White South*, a.a.O., S. 168.

[17] Innes, *Der weiße Süden*, a.a.O., S. 137.

[18] Innes, *The White South*, a.a.O., S. 170.

[19] Innes, *Der weiße Süden*, a.a.O., 138.

Schmidts eigener Stilwille, wenn er denn überhaupt spürbar wird, mit der Verstärkung von Innes' gelegentlicher schüchterner Neigung zur Anthropomorphisierung von Wind und Wetter. Dabei freilich wird zuweilen deutlich, daß schon durch leichte Eingriffe der typische Schmidt-Prosaduktus zum Klingen gebracht werden kann, und solche Beobachtungen am sprachlichen Detail mögen daher für die Arno-Schmidt-Stilkunde nicht ohne Belang sein: wenn bei Innes der Wind „like a raging monster out of the east“[20] bläst, rast bei Schmidt „von Osten her [...] das Windungeheuer“[21]; wenn bei Innes die Sonne eine „pale disc“[22] wird, so erbleicht sie bei Schmidt[23]; bei Innes *ist* die Sonne eine „blood-red orange“[24] und *ist* ein Morgen „cold and cheerless“[25], bei Schmidt dagegen *hängt* die Sonne „wie eine Blutorange“[26] und *kommt* der Morgen „kalt und mürrisch“[27]. Manchmal aber, wenn eine Formulierung aus dem farblosen Umfeld heraussticht und wir sie sogleich für eine Neuerung Arno Schmidts erklären wollen, müssen wir uns vom Originaltext eines anderen belehren lassen, denn auch Hammond Innes erlaubt seiner Prosa hin und wieder ‚kühne‘ Metaphern, gegen die sein stilistischer Standard dann allerdings um so mehr abzufallen droht. „Wolkenwische“[28] etwa hasten durch die Übersetzung; ein Schmidtianismus, wie er im Buche steht – doch schon Innes hat sie, die „wisps of cloud“[29].

---

[20] Innes, *The White South*, a.a.O., S. 172.
[21] Innes, *Der weiße Süden*, a.a.O., S. 140.
[22] Innes, *The White South*, a.a.O., S. 230.
[23] Vgl. Innes, *Der weiße Süden*, a.a.O., S. 189.
[24] Innes, *The White South*, a.a.O., S. 224.
[25] Ebd., S. 232.
[26] Innes, *Der weiße Süden*, a.a.O., S. 184.
[27] Ebd., S. 190.
[28] Ebd., S. 89, 137; ähnlich ebd., S. 101.
[29] Innes, *The White South*, S. 51, 125, 168.

Übrigens findet sich nicht nur eine Handvoll Schmidtscher Tugenden in *Der weiße Süden*, sondern auch die eine oder andere weniger schillernde Seite seiner Sprachhandhabung macht vor der Übersetzung nicht halt. Da muß zum Beispiel jemand „bis zum Ende, auch allenfalls allein, durchhalten“[30], und „Außer dem, daß er die leitende Stellung in der Gesellschaft innehat“[31], darf der Held am Ende noch etwas anderes tun – hölzerne Hausbackenheiten, die sich auch außerhalb der Übersetzerarbeit gelegentlich finden bei Arno Schmidt[32].

Ein damit weitläufig verwandtes Thema sind die – sei es unterlaufenden, sei es bewußt einkalkulierten – Anglizismen, die gerade in einem umgangssprachlich bestimmten und einem klischeeverhafteten Krimipublikum zugedachten Text etwas fehl am Platze scheinen; gleichzeitig könnten sie aber ahnen lassen, welche Methoden Schmidt anzuwenden pflegte, um seinen Wortschatz zu erweitern. Wenn etwa jemand „a sudden authority in his tone”[33] hat, so wird dieser Ton in Schmidts Version eben „derart autoritativ“[34]; ist man bei Innes „desperate“[35], so bei

---

[30] Innes, *Der weiße Süden*, a.a.O., S. 189.

[31] Ebd., S. 210.

[32] Vgl. z.B. Arno Schmidts Brief an Pastor Schulz vom 22. Oktober 1957, abgedruckt bei Friedhelm Rathjen; „‚Schmidt als Küster an St. Jürgen!‘“, in *Bargfelder Bote*, Lfg. 132-133 / Januar 1989, S. 3-22, hier S. 6: „Küche, Klo etc. würde ich allenfalls auf meine Kosten instand setzen lassen“. (Nachdruck in Friedhelm Rathjen, *Die Kunst des Lebens. Biographische Nachforschungen zu Arno Schmidt & Consorten* (Scheeßel: Edition ReJoyce 2007), S. 9-28, hier S. 14.)

[33] Innes, *The White South*, a.a.O., S. 205.

[34] Innes, *Der weiße Süden*, a.a.O., S. 167. Diesen Ausdruck verwendet Schmidt bereits vor der Innes-Übersetzung. Vgl. Arno Schmidt, *Brand's Haide*, in Bargfelder Ausgabe, Bd. I/1 (Zürich: Haffmans 1987), S. 115-198, hier S. 172: „fragte er autoritativ“.

[35] Innes, *The White South*, a.a.O., S. 216, 217.

Schmidt nicht ‚verzweifelt', sondern auch „desperat"[36]. Offenbar reicht aber auch das noch nicht, um der blassen Sprachlandschaft der Abenteurer genügend irritierende Farbtupfer zu verleihen, denn zusätzlich quittiert Schmidt einige ganz und gar nicht hochgezüchtete Floskeln des Originaltextes mit etwas deplaciert wirkenden Fremdwörterbrocken. Innes läßt seinen Erzähler verlangen „what I've asked for"[37], und Schmidt macht daraus – übrigens inmitten eines hitzigen Wortwechsels – „die eben von mir detaillierten Mengen"[38]; schließlich – und das soll unser letztes Beispiel sein – liest sich die Feststellung „That was something"[39] in der Übersetzung hochtrabend: „das war ein Positivum."[40]

Erinnern wir uns noch einmal: Schmidts erste Übersetzungsarbeit war für ihn – bitter notwendige – Geldfron, und das Mühen des Eindeutschers richtete sich auf einen Text, auf den jede ernsthafte Schmidtsche Übersetzungskunst gewiß verschwendet wäre. Die größte Ehre, die Arno Schmidt der Innes-Kolportage werden ließ, ist am Ende doch jene bereits von Barczaitis aufgespürte eines ehrlichen Stoßseufzers. Am Schluß des Ich-Berichts von der Errettung aus dem weißen Süden steht der Satz *„nun wird sich alles, alles wenden!"*[41], und das ist nun zwar nicht die getreuliche Übersetzung des Innesschen *„Everything is going to work out"*[42], aber dafür eine – leicht

---

[36] Innes, *Der weiße Süden*, a.a.O., S. 176, 177. Vgl. Zu diesem Ausdruck auch Arno Schmidt, *Zettel's Traum* (Stuttgart: Goverts Krüger Stahlberg 1970), S. 1134: „ein' desperatn Ruck", ebd.: „so desperat & lebmssatt".

[37] Innes, *The White South*, a.a.O., S. 217.

[38] Innes, *Der weiße Süden*, a.a.O., S. 178.

[39] Innes, *The White South*, a.a.O., S. 170.

[40] Innes, *Der weiße Süden*, a.a.O., S. 138.

[41] Ebd., S. 207.

[42] Innes, *The White South*, a.a.O., S. 252.

veränderte – Verszeile aus Ludwig Uhlands „Frühlingsglaube“, und die Zeile, die bei Uhland vorausgeht, klingt uns zur zu verständlich: „Nun, armes Herz, vergiß die Qual!“[43]

2

Trotz der Einschätzung als Brotarbeit, trotz der schnellen Erledigung und trotz der Erleichterung, es vollbracht zu haben, ist die Innes-Übersetzung aber doch nicht ganz ohne Spuren im Werk Arno Schmidts geblieben, wie schon Dieter Kuhn in seinem *Faun*-Handbuch gezeigt hat. Kuhn weist auf einige sprachliche Parallelformungen zwischen der Innes-Übersetzung und dem Schmidtschen Werk hin. So erinnert etwa der *Faun*-Satz „Wind kommt draußen auf und Wolken“[44] an die Innessche Stelle „Wiederum war Wind aufgekommen, bitter kalt und mit Böen aus Südwest. Die Wolken flogen drohend und sehr niedrig.“[45] In diesen Zusammenhang gehört auch noch das Ende von „Schwarze Spiegel“: „Auch Wind kam auf. Wind.“[46] Solche Ähnlichkeiten haben natürlich mit Einfluß oder gar bewußter Nachformung nicht viel zu tun; sie ergeben sich fast zwangsläufig bei der Beschreibung bestimmter Wetterlagen. Ähnliches gilt für die Erwähnung Südgeorgiens sowohl im *Faun*[47] als auch wiederholt

---

[43] Ludwig Uhland, „Frühlingsglaube“, in *Uhlands Gedichte und Dramen*, Bd. 1 (Stuttgart: Cotta 1885), S. 42, zitiert nach Barczaitis, *„Kein simpel-biedrer Sprachferge“*, a.a.O., S. 91.

[44] Arno Schmidt, *Aus dem Leben eines Fauns*, in Bargfelder Ausgabe I/1, a.a.O., S. 299-390, hier S. 324.

[45] Innes, *Der weiße Süden*, a.a.O., S. 60.

[46] Arno Schmidt, „Schwarze Spiegel“, in Bargfelder Ausgabe I/1, a.a.O., S. 199-260, hier S. 260. Hinweis auf die Parallelstellen bei Dieter Kuhn, *Kommentierendes Handbuch zu Arno Schmidts Roman „Aus dem Leben eines Fauns“* (München: edition text + kritik 1986), S. 89.

[47] Schmidt, *Aus dem Leben eines Fauns*, a.a.O., S. 264.

in *Der weiße Süden*.[48] Wir mögen auch noch keine besondere Signifikanz darin sehen, daß der von Schmidt mehrmals – und zwar bekanntlich auch in seiner sogenannten Prosatheorie – benutzte Ausdruck „Dehydrierung"[49] bei Innes in der Beschreibung von Funktionsbereichen auf einem Walfangschiff Verwendung findet: „hier wurde das

---

[48] Vgl. Kuhn, *Kommentierendes Handbuch zu Arno Schmidts Roman „Aus dem Leben eines Fauns"*, a.a.O., S. 197 f.

[49] Vgl. Arno Schmidt, „Berechnungen", in Bargfelder Ausgabe, Bd. III/3 (Zürich: Haffmans 1995), S. 101-106, hier S. 103: „Als wichtigste Handübung gewöhne man sich an, seine Prosa zu »dehydrieren«; d.h. aus der Fabel alle sekundären, schildernden Elemente auszustreichen"; Arno Schmidt, „Literatur: Tradition oder Experiment?", ebd., S. 338-341, hier S. 341: „aus dieser porösen Struktur unserer Gegenwartsempfindung, ergibt sich ein ‹löcheriges Dasein›, ein dehydriertes"; Arno Schmidt, „Müller oder vom Gehirntier", in Bargfelder Ausgabe, Bd. II/2 (Zürich: Haffmans 1990), S. 243-284, hier S. 280: „Großbeispiel dehydrierter Prosa, der einzigen, bei der Kunstwerke möglich werden"; Arno Schmidt, „Von deutscher Art und Kunst", in Bargfelder Ausgabe III/4, a.a.O., S. 9-16, hier S. 10: „daß ein derart unsinnig umfangreiches Produkt durch energische Dehydrierung durchaus gewonnen haben könnte"; Arno Schmidt, „Berechnungen III", in *Fragmente. Prosa, Dialoge, Essays, Autobiografisches* (Frankfurt a.M.: Suhrkamp 2003), S. 261-270, hier S. 269: „das ist alles Wasser; zeilenschindendes vornehmes Gewäsch, was nicht bleibt, und »dehydriert« werden muß!"; Arno Schmidt, *Sitara und der Weg dorthin*, Bargfelder Ausgabe, Bd. III/2 (Zürich: Haffmans 1993), S. 162: „eine lautliche Reduzierung=Kondensierung=Dehydrierung"; „Ein Toast für Nummer 104!", in Bargfelder Ausgabe III/4, a.a.O., S. 401-407, hier S. 404: „‹Dehydrieren› ist ein andrer Ausdruck für ‹Qual der Wahl›"; Arno Schmidt, „... denn ‹wallflower› heißt ‹Goldlack›", in Bargfelder Ausgabe, Bd. II/3 (Zürich: Haffmans 1991), S. 317-346, hier S. 336: „die so wichtige Form, die eine Dehydrierung & verGegenwart'igung des immer noch herrschenden Romans Älteren Stiles erlaubt". Vgl. auch Schmidt, *Aus dem Leben eines Fauns*, a.a.O., S. 369: „*Eine unsinnig Dicke als Chefsekretärin:* ‹Und sie bewegt sich doch›! Müßte auch dehydriert werden."

Fleisch geschnitten, hier dehydriert und verpackt."[50] Sehr wohl signifikant ist jedoch die Ähnlichkeit einer Notausrüstungsliste im *Faun* mit einer solchen bei Innes, worauf ebenfalls Dieter Kuhn hingewiesen hat.[51] Nach der Havarie eines Schiffes regelt der Innessche Ich-Erzähler Duncan Craig, welche Vorräte zuerst auf das Eis gerettet werden sollen:

> Ich versetzte mich wieder in die Zeit meiner Grönlandexpedition und versuchte krampfhaft, mir die Dinge vorzustellen, die sich damals als die wichtigsten herausgestellt hatten. Tabak. Daran dachte ich; und an Feuerzeuge. Mir fiel ein, wie rasch die Streichhölzer alle geworden waren. [...] Zwei Blechtonnen mit Öl. Decken für Schlafsäcke. Nadel und Faden. Küchengerät. Nägel. Werkzeuge. Gerade die kleinsten Sachen übersieht man am ehesten. [...] Flicklappen, Arzneien, Schmalzbüchsen, [...] ein paar Flaschen Brandy [...], halt: Ersatzschnürbänder! Wieder kam das Boot, und diesmal verluden wir die größten Stücke – gefrorenes Walfleisch, die beiden Öltonnen, Drahtrollen; Stahlrohr für Zeltstangen hatten wir abgebrochen; noch eine Rolle Segeltuch, Kisten mit Mehl, Äxte, Sägen, Gewehre. [...] Man zupfte mich am Ärmel; es war Gerda: „Hier, Duncan", sagte sie. Es war ein Radioapparat aus meiner Kabine.[52]

Heinrich Düring, der *Faun*-Erzähler, wird durch den Pakt Hitlers mit der Sowjetunion zu ähnlichem Brainstorming veranlaßt:

---

[50] Innes, *Der weiße Süden*, a.a.O., S. 57.

[51] Vgl. Kuhn, *Kommentierendes Handbuch zu Arno Schmidts Roman „Aus dem Leben eines Fauns"*, a.a.O., S. 197 f.

[52] Innes, *Der weiße Süden*, a.a.O., S. 115 f. Das „Halt" vor den Ersatzschnürbändern ist übrigens Schmidts Übersetzerdreingabe; im Original findt sich dafür kein Äquivalent.

> Und ich überlegte: was war im vorigen Kriege so gut wie Geld gewesen?: Kaffee, Tee, Kakao; Tabakwaren. Also brachte ichs aus Fallingbostel mit, und den zugelöteten Kanister mit Feinschnitt. Zigaretten in Tropenpackungen. Rum und Hochprozentigen. [...] Lederstücke für Schuhsohlen und Conti-Gummiabsätze. Eisenkleinwaren; auch einen neuen Axtkopf und zwei Blätter für die Bügelsäge. Schnürbänder, Streichhölzer [...] *Öl, Zucker; Briefumschläge, Papier; Kernseife.* – Halt: Fahrradbereifung. Taschenlampenbatterieen (aber die halten sich nicht, verdammt!). Glühbirnen: Radio muß immer in Ordnung sein, also ein paar Ersatzröhren! – – Revolver?: und ich schwankte lange; kam mir dann aber doch zu romantisch vor, und blieb lieber bei dem schweren Haumesser. [...] *Halt:* ein Paar Gummistiefel (und von der schwersten Sorte!).[53]

An solch punktuellen Querverbindungen dürfte sich möglicherweise noch das eine oder andere finden lassen; um planmäßig danach zu suchen, wäre eine intensive und aufnehmende Lektüre der Innes-Übersetzung vonnöten, die allerdings auch einem hartgesottenen Schmidt-Leser nicht ohne weiteres zuzumuten ist. So mögen wir uns zunächst mit Zufallsfunden begnügen – und die ergeben sich in der Tat, und zwar nicht nur für das Frühwerk Schmidts. So heißt es beispielsweise in *Der weiße Süden* von einem der Handlungsträger: „Natürlich ist er noch jung und hat wenig Ahnung. Aber das ist ja ein Fehler, der jeden Tag weniger wird.“[54] Diese Stelle findet ein Echo ausgerechnet in Pagenstechers Gesprächen mit

---

[53] Schmidt, *Aus dem Leben eines Fauns*, a.a.O., S. 361 f.

[54] Innes, *Der weiße Süden*, a.a.O., S. 60. Im englischen Original sind die Formulierungen bei weitem nicht so pointiert. Vgl. Innes, *The White South*, a.a.O., S. 76: „He’s young, of course, and inexperienced. But that’s not his fault. He’ll learn.“

Franziska: „'Belesenheit' ist in erster Linje eine Funktion der Jahre, Fränzel –"[55].

Trotz solcher sporadischer Nachklänge bleibt unser Eingangsurteil bestehen, das auch von Bernd Rauschenbach – der die Tagebücher Alice Schmidts aus der Zeit der Innes-Übersetzung gelesen hat – bekräftigt wird: „Schmidt diktierte [...] die Übersetzung direkt aus dem engl. Original seiner Frau in die Maschine und war vom Buch ziemlich angewidert."[56] Um so erstaunlicher ist es, daß ein Werk Schmidts in seiner ganzen Handlungsstruktur nicht unwesentlich auf Hammond Innes zurückverweist: die *Gelehrtenrepublik* nämlich. Dort gehen die Bezüge weit über die im *Faun* vorfindbaren hinaus, was uns Anlaß zu einer genaueren Betrachtung sein soll.

3

Es wäre gewiß nicht sehr ergiebig, einen Zusammenhang zwischen der *Gelehrtenrepublik* und *Der weiße Süden* aus jener genremäßigen Übereinstimmung abzuleiten, die vielleicht als erste ins Auge springen will. Der Kategorien ‚Abenteuerroman' und ‚Kriminalroman' bedient sich Arno Schmidt auf recht freie und in jeder Hinsicht ironische Art und Weise; Hammond Innes dagegen erliegt ihnen völlig. Hinzu kommt, daß das bei Schmidt im Vordergrund stehende utopische Genre bei Innes überhaupt keine Rolle spielt. Immerhin bereitet Schmidts – und sei es rudimentärer und zitathafter – Rückgriff auf abenteuer- und kriminalromaneske Elemente den Boden, auf dem punktuelle Anklänge gedeihen können.

---

55 Schmidt, *Zettel's Traum*, a.a.O., S. 304. Es will mir so scheinen, als habe ich in Pagenstechers Gesprächen mit Franziska noch eine sehr viel genauere Entsprechung zur Innes-Stelle gelesen; leider ist es mir bislang nicht gelungen, sie aufzufinden.

56 Bernd Rauschenbach, Brief an Friedhelm Rathjen vom 1. Juni 1988.

Das deutlichste Signal dafür, daß hier etwas im Gange sein könnte, hat aber damit zunächst gar nichts zu tun: es besteht vielmehr in einem simplen Gleichklang zweier Figurennamen. Der Ich-Erzähler der *Gelehrtenrepublik* ist bekanntlich Charles Henry Winer – in russischer Aussprache „Herr Weinärr“[57], in amerikanischer „Mister Uainer“[58]. In *Der weiße Süden* dagegen ist es eine Nebenfigur, die praktisch den gleichen Namen trägt: Franz Weiner, eine Figur, die für die Handlungsentwicklung des Innesschen Romans seltsamerweise völlig unerheblich bleibt und offenbar in erster Linie auftritt, um es dem Autor zu ermöglichen, einige Ressentiments abzuladen.

> Aus dem Schatten an der Tür löste sich langsam einer der beiden Männer und kam zu uns ins Licht. „Weiner bin ich“, sagte er. Seine Stimme war nur ein kehliges Wispern, und er schien von unsichtbaren Fäden bewegt wie eine Marionette. Er war Jude und seine Kleider um ein paar Größen zu weit für den eingeschrumpften Körper. Er hatte einen Kahlkopf, scharfe, abgezehrte Züge und einen bösen, tuberkulösen Husten.[59]

Irgendeine über den Namen hinausgehende Verbindung zum Helden der *Gelehrtenrepublik* wird man hier kaum feststellen können, und das gilt bis auf weiteres auch für alle anderen Stellen seines Auftauchens im Innesschen Roman: ob er nun einen „Eindruck vollständiger Apathie“[60] macht, als „Fachmann für elektrische Harpunen“[61]

---

[57] Arno Schmidt, *Die Gelehrtenrepublik*, in Bargfelder Ausgabe, Bd. I/2 (Zürich: Haffmans 1986), S. 221-349, hier S. 324.

[58] Ebd., S. 340.

[59] Innes, *Der weiße Süden*, a.a.O., S. 11 f. Dies ist die Beschreibung, mit der Weiner eingeführt wird.

[60] Ebd., S. 12. Vgl. auch ebd., S. 81: „Weiner sah mit der Apathie eines Menschen hin, für den alles belanglos geworden ist.

[61] Ebd., S. 15.

vorgestellt wird oder „luftkrank“[62] ist – mit dem alles andere als apathischen Journalisten Charles Henry Winer will er wenig verwandt scheinen. Dennoch lohnt es sich, das Signal der Namensgleichung ernstzunehmen und bei der Innes-Lektüre auf Vorbildungen der Schmidtschen *Gelehrtenrepublik* zu achten.[63]

Der Innessche Erzähler Duncan Craig fliegt zu Beginn des Buches von London nach Südafrika, wo er ein Glück machen will, von dessen genauen Umständen er nur sehr rudimentäre Vorstellungen hat. Auf dem Flug lernt er eine Gruppe von Leuten kennen, die unterwegs zu einem Walfangschiff in der Antarktis sind. Da Craigs Hoffnungen auf die Einflußnahme eines Bekannten sich als gegenstandslos erweisen, läßt er sich kurzentschlossen für die Walfangexpedition engagieren und steuert als Kapitän eine umgebaute Marinekorvette in die Antarktis, um dort – und das ist dann der eigentliche Gegenstand des Romans – mit den obligatorischen Eigenschaften wie Mut, Scharfsinn, Ausdauer allerlei hochdramatische Abenteuer zu bestehen.

Die meisten und auffälligsten Parallelen zur *Gelehrtenrepublik* finden sich schon in dieser Reiseepisode, die – wie ja auch die Schmidtsche – den Hauptgeschehnissen vorgeschaltet ist. Zunächst einmal ist die Ausgangssituation identisch: beide Bücher spielen kurz nach einem Krieg, das Innessche nämlich nach dem zweiten und das Schmidtsche nach dem dritten Weltkrieg. Insofern ist es

---

[62] Ebd., S. 19.

[63] Viele der punktuellen Parallelen, auf die ich in der folgenden Darstellung zurückgreife, verdanke ich Karl H. Brücher, der – einmal auf gewisse Ähnlichkeiten der Handlungen aufmerksam gemacht – als profunder Kenner der *Gelehrtenrepublik* die undankbare Aufgabe einer intensiven Innes-Lektüre auf sich nahm. Ihm sei auch an dieser Stelle herzlich gedankt dafür, daß er mir seine Funde zur Verwendung überließ.

nur natürlich, daß das Personal aktive oder ehemalige Militärs enthält; während Charles Henry Winer auf seiner ersten Reiseetappe von Major Bancroft begleitet wird („Ach, Sie haben *auch* den Krieg in Europa mitgemacht?!“[64]), hat Duncan Craig auf seiner Flugreise vor allem mit Colonel Bland zu tun, bei dem er einen Mitreiseplatz herausschinden kann („‚Wo haben Sie das Verfahren gelernt – in der Industrie oder beim Militär?‘ / ‚Beim Militär‘“[65]). Schmidts Ich-Erzähler aber ist Zivilist und arbeitet als Berichterstatter für den „Kalamazoo Herald“[66]; Innes' Ich-Erzähler dagegen lernt im Flugzeug einen Reporter kennen, nämlich Aldo Bonomi, einen „der besten Bildberichterstatter der Welt“[67], auf den in der Antarktis ein „ziemlich ungewöhnlicher Auftrag“[68] wartet.

Beim Start in London hat Duncan Craig „plötzlich [...] im Magen ein hohles Gefühl“[69]; dem Schmidt-Nachfahren Winer geht es beim Aufstieg mit dem Ballon ähnlich: „Mein Bauch zog sich schockiert zusammen – –: ! –“[70] Einen zweiten Start hat er bei der Rollerfahrt nach Eureka zu überstehen: „Der Sitz war *federnd* [...] – und wiegte schon nach hinten durch: so fuhr er an. / Und *vibrierte* ruhiger. [...] da waren wir in einem *Asfaltstrom*“[71]. Auch hier sind Spurenelemente des Innesschen London-Starts nachzuweisen:

> Das Flugzeug ruckte und begann zu *vibrieren* [...], und wir rollten mit immer wachsender Geschwindigkeit die

---

64 Schmidt, *Die Gelehrtenrepublik*, a.a.O., S. 228.
65 Innes, *Der weiße Süden*, a.a.O., S. 11.
66 Schmidt, *Die Gelehrtenrepublik*, a.a.O., S. 259.
67 Innes, *Der weiße Süden*, a.a.O., S. 16.
68 Ebd., S. 17.
69 Ebd., S. 12.
70 Schmidt, *Die Gelehrtenrepublik*, a.a.O., S. 229.
71 Ebd., S. 270; meine Hervorhebung.

> Startbahn hinunter. Automatisch beugte ich mich vor und sah aus dem Fenster, wie da im Licht des Flugzeuges die *zement*ene Bahn vorbei*strömte*. Zweimal *federte* der Rumpf noch auf [...].[72]

Die lexikalischen Gleichklänge sind hier durchaus größer, als der Gleichklang der Situation naturgemäß heraufbeschwört. Winer hat auf der Rollbahn, wenn er aus dem Fenster schaut, einen angenehmen Begleiter: „oben, links der halbe Mond immer mit“[73]. Duncan Craig geht es ebenso: „Unter uns glitt die Küste von Kent dahin. Voraus sah man die rauhe Fläche des Kanals, vom schwachen Licht des neuen Mondes beleuchtet.“[74]

Charles Henry Winers Ballonflug muß vor Morgengrauen beendet sein, denn „im Hellen kann man nicht fliegen; die Zenties dürfen nicht unnötig scheu gemacht werden.“[75] Gegen Morgen – genauer: „zur Frühstückszeit“[76] – muß auch das Innessche Flugzeug zweimal zwischenlanden, nämlich in Treviso und in Nairobi. Wichtiger für Duncan Craig ist allerdings der dazwischenliegende sechsstündige Aufenthalt in Kairo, bei dem er mit Judie Bland – jener Frau, die ihm Innes für das Happy-End zugedacht hat – ins Gespräch kommt. Und es bleibt nicht beim Gespräch: „Nachher im Taxi, das uns zum Flughafen brachte, drückte sie sich eng an mich und ließ sich küssen.“[77]

Der „erste wohlgelungene Kuß“[78] mit Thalja ereilt auch den *Gelehrtenrepublik*-Reisenden während einer ersten

---

72 Innes, *Der weiße Süden*, a.a.O., S. 12 f.; meine Hervorhebung.
73 Schmidt, *Die Gelehrtenrepublik*, a.a.O., S. 270.
74 Innes, *Der weiße Süden*, a.a.O., S. 15.
75 Schmidt, *Die Gelehrtenrepublik*, a.a.O., S. 229.
76 Innes, *Der weiße Süden*, a.a.O., S. 16, 23.
77 Ebd., S. 23.
78 Schmidt, *Die Gelehrtenrepublik*, a.a.O., S. 238.

Unterbrechung seines Weges, und wenn er auch an ein Happy-End im Innesschen Sinne nie zu denken wagen kann, so hat er doch für eine nicht unwesentliche Etappe seiner Expedition eine weibliche Begleitung. So wie Winer nach bekanntermaßen intimeren Begebenheiten zum Abschied „*Ein letzter Kuß*“[79] vergönnt ist, hat schon Duncan Craig beim – vermeintlich endgültigen – Abschied von Judie nicht zu klagen: „Sie reckte sich hoch, küßte mich auf den Mund, und ehe ich noch etwas sagen konnte, war sie schon davon“[80]. Zu diesem Zeitpunkt ist er – wie Winer – gewissermaßen am „Ende der Welt“[81] angelangt, nämlich in Kapstadt, das ja im übrigen auch eine Anlaufstation der Gelehrtenrepublik IRAS ist[82]. Hier am Südzipfel des schwarzen Kontinents sorgt sich der Innessche Erzähler als erstes um seine Sauberkeit: „Nun, ich ging erst einmal in die Badewanne“[83]. Analog dazu ist das allererste, was Charles Henry Winer nach dem Abschied von Thalja hört, die Frage: „Woll'n Sie vielleicht erst'n Bad nehm'?“[84]. Noch während Duncan Craig in der Badewanne sitzt, klingelt bei ihm das Telefon; er nimmt den Hörer ab – rasch behängt mit einem Handtuch, denn der Innes-Leser ist ja Zeuge –, und so nimmt das Verhängnis, das ihn in das Polarmeer führen wird, seinen Lauf. Am Apparat ist Colonel Bland, und er stellt eine nur scheinbar unwesentliche Frage: „‚Können Sie auf Zimmer 23 kommen?‘ / ‚Wie: hier im Hotel?‘ / ‚Ja.‘“[85] Als der Schmidtsche *Gelehrtenrepublik*-Besucher eine Stenotypistin ‚zum Ansagen‘ wünscht, erinnert er sich offenbar

---

79 Ebd., S. 254.
80 Innes, *Der weiße Süden*, a.a.O., S. 25.
81 Schmidt, *Die Gelehrtenrepublik*, a.a.O., S. 254.
82 Vgl. ebd., S. 286.
83 Innes, *Der weiße Süden*, a.a.O., S. 26.
84 Schmidt, *Die Gelehrtenrepublik*, a.a.O., S. 255.
85 Innes, *Der weiße Süden*, a.a.O., S. 26.

des Innesschen Wortwechsels: „Oh, wer gerade frei ist [...] – Ja, im Hotel hier; im Verwaltungsviertel: Zimmer 33."[86]

Das Geschehen von *Der weiße Süden* in der Antarktis selber ist an punktuellen Vorwegweisern zur *Gelehrtenrepublik* nicht mehr so reich wie die Beschreibung der Reiseetappen; immerhin lassen sich mit einigem Wohlwollen in Schmidts Kurzroman Reflexe auf den frostigen Schauplatz ausmachen. Zwar wird bei Innes niemand „in einen Polarhund verwandelt"[87], doch auch die Ränkeschmiede der Walfangexpedition werden unfreiwillig an das Grundprinzip der Hibernation erinnert, wonach „die Lebensfunktionen sich durch Kälte verlangsamen lassen – »bis zum Tode durch Erfrieren.«"[88] Selbst der kritische Vorschlag zum Künstlereiland IRAS, den Bob Singleton vorbringt – über die Insel nämlich ein Zelt zu spannen[89] –, mag nicht ohne Signifikanz sein, da Zelte im Innes-Roman eine gewisse Rolle spielen – und sie erheben sich dort zumeist über Eisschollen und -bergen, die, wie noch zu zeigen sein wird, der schwimmenden Insel IRAS in mancherlei Hinsicht gleichzustellen sind.

Doch schauen wir uns zunächst einmal an, was der Innes-Erzähler Duncan Craig in der Antarktis erlebt. Er gerät in die Ränkespiele auf einem Walfangschiff mitsamt Beibooten, und wenn auch hier der Ost-West-Konflikt naturgemäß keine Rolle spielt, so gibt es doch immerhin eine Zweiteilung der Schiffsbesatzung: die Männer kommen aus zwei rivalisierenden norwegischen Fischereistädtchen, und in diese Fronstellung zwischen ‚Tönsbergleuten' und ‚Sandefjordleuten' hat Innes die Konflikte

---

[86] Schmidt, *Die Gelehrtenrepublik*, a.a.O., S. 302.
[87] Ebd., S. 345.
[88] Ebd., S. 342.
[89] Vgl. ebd., S. 317, 341.

seiner Hauptfiguren verwoben. Einige Engländer und Schotten bilden in dieser Konstellation ansatzweise so etwas wie einen neutralen Block, und so bleibt es auch dem Ich-Erzähler vorbehalten, einen „Sonderauftrag“[90] zu übernehmen, als nach dem unaufgeklärten Tode einer Figur ein Untersuchungsausschuß gebildet werden soll: „ich wünsche, daß Sie den Vorsitz im Ausschuß übernehmen. Sie sind völlig neutral und stehen außerhalb irgendwelcher Kompanieintrigen“[91]. In eine vergleichbare Rolle gerät in der *Gelehrtenrepublik* bekanntlich auch Charles Henry Winer, der zwischen Backbord- und Steuerbordseite vermitteln soll: „ich war ein wichtiger Mann geworden: die Nabelschnur, die 2 Welten zusammenhielt“[92].

Freilich kann der Innessche Erzähler auch als Ausschußvorsitzender nicht verhindern, daß das Ränkeschmieden weitergeht und – teils aufgrund dieser Ränke, teils aber auch unter Zuhilfenahme von Naturgewalten – das Haupt- und mehrere Nebenschiffe im Packeis sinken – ein Schicksal, das in etwas modifizierter Form ja schließlich auch der Gelehrteninsel IRAS droht. Wenn letztere zu diesem Zweck erst in Drehung geraten muß, so gilt das zwar nicht für die gesunkenen Walfangschiffe; anregend könnte für das Bild der IRAS als „Drehscheibe“[93] *Der weiße Süden* aber dennoch gewirkt haben: dort ist einmal von einem im berstenden Eis rotierenden „Hügelrest“[94] die Rede, auf dem ein paar versprengte Gestalten sich gegen die leviathanischen Gewalten der Antarktis behaupten müssen, und am Ende des Buches dreht sich jener Eisberg um 180 Grad, auf dem sich die letzten Überleben-

---

[90] Innes, *Der weiße Süden*, a.a.O., S. 61.
[91] Ebd.
[92] Schmidt, *Die Gelehrtenrepublik*, a.a.O., S. 336.
[93] Ebd., S. 346.
[94] Innes, *Der weiße Süden*, a.a.O., S. 167.

den der Innesschen Romankatastrophe ins offene Meer haben retten können[95]. Auch wenn die rotierende Gelehrteninsel der Länge nach zu zerreißen droht[96], gibt es dafür Innessche Anregungen: in dessen Roman werden gelegentlich Eisschollen auseinandergerissen, und zwar um der lieben Dramatik willen zumeist direkt neben den schlafenden Helden; einmal geht der Riß sogar mitten durch das Zelt[97], das – getreu den Anregungen Bob Singletons – über die Schollenmitte gespannt wurde.

Ihren Abschluß finden die Parallelen auf der jeweils letzten Seite beider Romane, und zwar auf eine Weise, die gleichzeitig die Brücke zurück zur Reiseepisode vom Anfang schlägt. „*Was war denn das entscheidende Bild dieser verrückten Tage?*“[98], so fragt sich Schmidts Erzähler am Ende, und der bleibende „snapshot, aus dem Bilderreservoir“[99] lichtet aus dem Reigen seiner mehr oder minder intimen Frauenbekanntschaften die herausragende ab: seine Zentaurin Thalja eben. Am Ende von *Der weiße Süden* steht ebenfalls ein Foto – zwar nicht das der Geliebten des Erzählers (was auch überflüssig wäre, insofern er sie ohnehin inzwischen hat heiraten dürfen), aber doch immerhin das einer Frau: „ein Bild Gerda Petersens, wie sie zu ihrem letzten Treck über das Eis aufbricht. Es hängt gleich unten in der großen Halle, und jeder, der sie besucht, muß daran vorbei.“[100]

---

95 Ebd., S. 208.

96 Vgl. Schmidt, *Die Gelehrtenrepublik*, a.a.O., S. 348: „Vielleicht zerreißt sie auch der Länge nach: das langfristige Einwirken solcher Schub= und Zugkräfte sei beim Bau nicht mit einkalkuliert worden, sagen die Ingenieure.....“.

97 Innes, *Der weiße Süden*, a.a.O., S. 139.

98 Schmidt, *Die Gelehrtenrepublik*, a.a.O., S. 349.

99 Ebd.

100 Innes, *Der weiße Süden*, a.a.O., S. 210 (das Ende des Romans).

4

Bemerkenswert an den mehr oder weniger signifikanten Parallelen, die ich im vorstehenden aufgelistet habe, ist, daß sie allesamt keinen Rückbezug herstellen zur Namensgleichung Weiner / Winer, die äußerer Anlaß zum Textvergleich war. Eine Verbindung beider Figuren, die sich an anderen punktuellen Kongruenzen als eben der Namensgleichheit festmachen ließe, existiert – soweit bisher zu übersehen – nicht. Ein Versuch, hier Abhilfe zu schaffen, hätte sich auf das Gebiet abstrahierender Figurenbeschreibungen zu begeben, was immer ein recht spekulatives Unterfangen zu werden droht, sofern nicht vom Autor Arno Schmidt selbst Deutungsansätze geboten werden. Zu unserem Glück existiert ein solcher Ansatz für den hier zu behandelnden Fall tatsächlich; er findet sich in Schmidts Briefen an Alfred Andersch.

Am 15. November 1967 erläutert Schmidt Andersch schriftlich den inneren Zusammenhang zwischen „Schwarze Spiegel“ und der *Gelehrtenrepublik*, wie der Autor ihn verstanden haben möchte:

> Ich wollte in diesen beiden Stücken meine Überzeugung darstellen, daß in Zukunft nur überleben können
> a) der – vor allem geistig – bedeutende Einzelne; der enzyklopädische Mensch, der autarke; und
> b) der Techniker=Reporter; der elastisch genug ist, sowohl bukolischen als auch wissenschaftlichen Karneval zu registrieren (und dadurch zu verdauen).[101]

Innerhalb dieser Dichotomie – die Schmidt an anderer Stelle als Kombination begreift, insofern „die meisten

---

[101] Arno Schmidt, *Der Briefwechsel mit Alfred Andersch. Mit einigen Briefen von und an Gisela Andersch, Hans Magnus Enzensberger, Helmut Heißenbüttel und Alice Schmidt*, hg. v. Bernd Rauschenbach (Zürich: Haffmans 1985), S. 138 (Brief Nr. 156 v. 15.11.1957).

Chancen zum Überleben der geistreiche Scurra habe: *NARR PLUS FUCHS!*“[102] – ist der Stellenwert des *Gelehrtenrepublik*-Erzählers Charles Henry Winer deutlich:

> Mr. Winer, der ‚Rasende Reporter‘ [...]; er hat, um nur überleben zu können, genug damit zu tun, all die huschenden Eindrücke erst einmal in ein paar ungefähr roh=angemessene Schubladen zu verstauen; denn er ist Typ b), der in Gesellschaft überleben will.[103]

Schmidt will seinen IRAS-Besucher also weniger als Lebens- denn als Überlebenskünstler konzipiert haben, als Vertreter jenes Menschenschlags, der immer irgendwie durchkommt – und genau das ist der Punkt, den Hammond Innes auch seiner (offenbar eigens für diesen Zweck erfundenen) Figur Franz Weiner zum Vorwurf machen möchte. Am Ende von *Der weiße Süden* taucht diese Figur aus dem Dunkel des Hintergrunds noch einmal auf:

> Hinter Kyrre erkannte ich gerade noch das dürre verbogene Gesicht Weiners. Noch beim Einschlafen mußte ich denken: *„Er ist genau wie alle die anderen DPs. Sie sind nicht tot zu kriegen. Sie sind einfach unzerstörbar. Immer wieder werden sie von irgend*

---

[102] Arno Schmidt, „Erläuternde Notizen zu KAFF auch MARE CRISIUM“, in Bargfelder Ausgabe, Bd. 1/3 (Zürich: Haffmans 1987), S. 543-547, hier S. 544. Es dürfte sich hier um eine Modifikation des „Hordenclown“- bzw. „Hofnarren“-Topos handeln; vgl. dazu die Andeutungen in Friedhelm Rathjen, „Ein Snapshot gehört nicht ins Fotoalbum oder Präliminarien zur Rekonstruktion eines Dreiecksverhältnisses: Proust, Huxley, Schmidt“, in *Bargfelder Bote*, Lfg. 113-114 / Mai 1987, S. 3-19, hier S. 14 f.; erweiterter Nachdruck in Friedhelm Rathjen, *Inselwärts. Arno Schmidt und die Literaturen der britischen Inseln* (Scheeßel: Edition ReJoyce 2008), S. 59-83, hier S. 81 f.

[103] Schmidt, *Der Briefwechsel mit Alfred Andersch*, a.a.O., S. 139 (Brief Nr. 156 v. 15.11.1957).

> *jemand gerettet; immer wieder kommt ein anderer für sie dran.“* [...] Die Guten, die Kämpfernaturen – das sind immer die, die sich opfern. So war es bei Dünkirchen und Salerno und Anzio; so war es bei den Geleiten gewesen, die ich mit gesichert hatte: immer fielen die Tapferen, die Kämpfer.[104]

Es soll hier nun keineswegs unterstellt werden, Schmidt habe in der *Gelehrtenrepublik* diese Eloge auf heroische Blauäugigkeiten kolportieren wollen; ebensowenig sollte der Eindruck entstehen, die Innes-Figur Weiner sei irgend erhellend für das volle Verständnis der Schmidt-Figur Winer. Wichtig ist allein, daß für Schmidt ein Zusammenhang bestand, der offensichtlich als Anregbarkeit zu eigenen Figurenentwürfen durch selbst noch die hanebüchensten Details eines fremden Textes zu fassen ist. Daß Schmidts Legitimationsversuch im Brief an Andersch sehr oberflächlich bleibt und seine Weiterverfolgung – auch unter Rückgriff auf eben Innes – interpretatorisch nichts einbringt, paßt nur zu gut ins bekannte Bilde des Prosapraktikers Arno Schmidt, dessen Erzählprosa sich mit des Autors eigenen theoretischen Modellen und Selbstbekundungen nie angemessen analysieren, sondern höchstens parodistisch verzerren läßt. Vom interpretatorischen Impuls ist jedoch derjenige zu unterscheiden, dem es um die Nachzeichnung von Baugesetzen und Entstehungszusammenhängen Schmidtscher Texte geht.

Ideen zu großen Entwürfen beruhen nicht notwendig auf großen Anregungen; Arno Schmidts Mosaikarbeit zeigt gerade, daß sich aus geringsten Anlässen mindestens ebensoviel machen läßt wie aus gediegenen. Unser Fund

---

[104] Innes, *Der weiße Süden*, a.a.O., S. 204. Es dürfte sich beinahe erübrigen, darauf hinzuweisen, daß „DP“ hier natürlich nicht den Schmidtschen Dichterpriester meint, sondern eine ‚Displaced Person‘.

zu den Namensvettern Weiner / Winer belegt aber auch, daß zum ästhetischen Überformungsprozeß das Zerreiben, das Tilgen der anregenden Keimzelle oftmals dazugehört und die schichtenabdeckende Rekonstruktionsarbeit gelegentlich damit bezahlt werden muß, als des Pudels Kern am Ende nur ein bis zur Peinlichkeit armseliges Staubkörnchen in Händen zu halten. Da mag es dann schon fast wieder Beruhigung sein, daß die Aufdeckung der Innesschen Keimzelle zum Glück von der ästhetischen Seinskraft der *Gelehrtenrepublik* – so sie denn eine hat – nichts erklärt und damit auch nichts beeinträchtigt.

Gehen wir trotzdem noch einmal zurück auf Schmidts Legitimationsversuch im Brief an Andersch. Er stellt dem „Techniker=Reporter" der *Gelehrtenrepublik* das autarke Enzyklopädisten-Ich von „Schwarze Spiegel" gegenüber, und das läßt fragen, ob sich nicht sogar eine Dreiecksbalance herstellen ließe aus *Gelehrtenrepublik*, „Schwarze Spiegel" und *Der weiße Süden*, wobei auch an den seltsamen Umstand zu denken wäre, daß eben der Winer-Hintergrund Weiner bei Innes ein solch schwaches Lichtlein ist. Läßt sich etwa der Innessche Protagonist – Duncan Craig also – zum Urquell des „Schwarze-Spiegel"-Erzählers erheben? Der „geistig-bedeutende Einzelne", den Schmidt einfordert, ist er zwar nach unserem Verständnis wohl kaum und auch der letzte Mensch in der hier gemeinten Bedeutung nicht, doch der Autor Innes zumindest scheint ihn sich schon als autarkiebefähigten Einzelheroen gedacht zu haben. Werfen wir also zur Probe einige Blicke in Schmidts „Schwarze Spiegel".

Diese Erzählung entstand im Mai 1951[105], also kurz nach der Innes-Übersetzung, und dies allein wäre schon Rechtfertigung genug für punktuelle Abfärbevorgänge,

---

[105] Datierung nach dem Anhang zur Bargfelder Ausgabe der Werke Schmidts, Bd. I/1, a.a.O., S. 513.

ohne daß daraus eine tiefergehende Einflußthese zu konstruieren sein muß. Auch solche punktuellen Stellen sind jedoch nur mit Mühe auszumachen. So taucht etwa der Ausdruck „*landlubber*“[106], den Schmidt bei Innes fand und in seiner Übersetzung originalsprachlich stehen ließ, zwar in „Schwarze Spiegel“ auf, doch in der Übersetzung eines (authentischen) Zitats aus *Reader's Digest*[107], so daß die mögliche These eines lexikalischen Innes-Einflusses hier hinfällig wird. Die Rede von den „Südzipfeln der Kontinente“, an denen noch „kleine Gemeinden übrig“ sein könnten[108], ist für sich genommen beileibe kein signifikanter Hinweis auf den Schauplatz des Innes-Romans, und auch der Versuch des Erzählers, mit einem „*Detektorapparat* (ich weiß: es war verrückt!)“[109] Signale von anderen Überlebenden aufzufangen, weist keinerlei Anklänge an entsprechende Stellen in *Der weiße Süden* auf.

Fündig wird man erst, wenn man die Schußwechselszene in „Schwarze Spiegel“ im Detail mit einem Pendant aus der Innes-Übersetzung vergleicht. Duncan Craig wird von seinem übelwollenden Widersacher wenige Sekunden vor dessen Tod – er wird von einem Seeleoparden zerfleischt, den der mitleidige Autor seinem Helden zu Hilfe schickt – ins Visier genommen: „ein Schuß knallte drüben, und Eisstaub flog mir ums Gesicht“[110]; dem Schmidtschen Erzähler geschieht ähnliches, wobei nur das andere Landschaftsbild eine Modifikation verlangt: „schon flog mir Borke um die Nase“[111], und gleich danach fliegt auch seiner „Tarnkappe“ noch „der Dreck [...] um die hypothe-

---

[106] Innes, *Der weiße Süden*, a.a.O., S. 86.
[107] Vgl. Schmidt, „Schwarze Spiegel“, a.a.O., S. 233.
[108] Ebd., S. 244.
[109] Ebd., S. 229.
[110] Innes, *Der weiße Süden*, a.a.O., S. 196.
[111] Schmidt, „Schwarze Spiegel“, a.a.O., S. 239.

tischen Ohren“[112]. Da ist dann Deckung gefragt; der Innessche Erzähler gleitet „geduckt durch die ersten Eisknollen“[113], und der Schmidtsche schiebt seine Kappe „über die runde Steinknolle daneben“[114]. Ob diese Knolligkeit der Kulissen für ausgreifende Deutungen ausreicht, erscheint eher zweifelhaft.

Am ehesten weist auf „Schwarze Spiegel“ noch eine stumme Frage voraus, die Innes seinem Erzähler in nahezu hoffungsloser Lage in den Sinn legt: „Ich saß noch und dachte tiefsinnig nach, wer meine Notizen einmal lesen würde“[115]. Hier könnte man durchaus schon an ähnliche Überlegungen des „Schwarze-Spiegel“-Helden denken: „Ich möchte wissen, warum ich überhaupt noch diariiere; ich habe keine Lust mehr, im Sinnlosen zu stochern“[116]. Damit sind die Anklänge dann aber bereits erschöpft, und die Hypothese einer schwarzen Spiegelung von *Der weiße Süden* sieht sich nicht einmal ansatzweise bestätigt.

Wir dürfen auch davon ausgehen, daß Arno Schmidt damals zu Beginn der 50er Jahre noch ganz anders geartete literarische Vorlagen auf sein eigenes Werk abfärben ließ als ausgerechnet jene nichtsnutzigen Kriminalromane, die zu übersetzen er widerstrebend begann. Zitierte oder angespielte Literatur scheint zu jener Zeit noch ausschließlich solche gewesen zu sein, der Schmidt eine gewisse Hochschätzung entgegenbrachte, und damit geraten wir in ganz andere Themen hinein als jene, für die der Name Hammond Innes stehen kann. Das beginnt

---

[112] Ebd.

[113] Innes, *Der weiße Süden*, a.a.O., S. 196.

[114] Schmidt, „Schwarze Spiegel“, a.a.O., S. 239.

[115] Innes, *Der weiße Süden*, a.a.O., S. 139.

[116] Schmidt, „Schwarze Spiegel“, a.a.O., S. 229. Vgl. auch die Frage Lisas an den Erzähler ebd., S. 257: „Warum schreibst Du eigentlich noch?“

schon, wenn wir uns den Geburtstag der letzten Erdenfrau ansehen: Lisa, die „*Wildkatze*“[117] (diese Bezeichnung immerhin teilt sie mit Innes’ weiblicher Hauptfigur Judie Bland[118]), feiert ihn am 22. August[119]. Dieses Datum taucht bei Innes nie auf; dafür ist es der Todestag von Nikolaus Lenau, und der, ein Siedler in nordamerikanischen Wäldern, wäre schon eher mit „Schwarze Spiegel“ in Zusammenhang zu bringen. Wie gesagt: hier beginnt ein ganz anderes Thema.

[117] Ebd., S. 241.

[118] Vgl. Innes, *Der weiße Süden*, a.a.O., S. 16: „‚[...] So ein Puppentyp, ja?‘ / ‚Dem Benehmen nach eigentlich nicht‘, erwiderte ich, ‚wohl mehr Wildkatze. [...]‘“

[119] Vgl. Schmidt, „Schwarze Spiegel“, a.a.O., S. 252 f.

Gegenzauber im Hominidenstreifen
Arno Schmidt (üb)ersetzt Hassoldt Davis

Die Gelehrtenrepublik. Oder von Nevada zum Sargassomeer. Ein Kurzroman[1]: so hätte das Buch, das Arno Schmidt im Sommer 1957 in rasendem Tempo schrieb, ursprünglich heißen sollen; der sichtlich an Karlmayscher Reiseroman-Titelei orientierte Untertitel hätte also die Anreise zur schwimmenden Insel stärker betont als den Aufenthalt darauf. Schmidts *Gelehrtenrepublik* wird gemeinhin dem Genre der utopischen Literatur oder gar der Science Fiction zugeschlagen und unter entsprechendem Blickwinkel diskutiert; nur en passant weist Boy Hinrichs (im Gefolge einer Bemerkung Gerhard Schmidt-Henkels[2]) darauf hin, daß der „erste Teil der Darstellung [...] offenkundig unter dem Aspekt der Reisebeschreibung"[3] stehe. Mit dem ‚ersten Teil' der *Gelehrtenrepublik* meint Hinrichs die Anreise Winers per Auto, Ballon, Fußmarsch, Ritt, Flugzeug und Schiff zur schwimmenden Insel. Tatsächlich fügt sich aber auch der anschließende Aufenthalt Winers auf dieser Insel – selbst wenn dieser nicht mehr von nennenswerten Ortsveränderungen

---

1 Arno Schmidt, Tagebucheintrag v. 21.7.57, zitiert nach: Bernd Rauschenbach, „Editorisches Nachwort zur Entstehung des Romans", in Arno Schmidt, *Die Gelehrtenrepublik. Kurzroman aus den Roßbreiten* (Zürich: Haffmans 1993), S. 201-208, hier S. 202 f.

2 Vgl. Gerhard Schmidt-Henkel, „Arno Schmidt und seine ‚Gelehrtenrepublik'", in *Zeitschrift für deutsche Philologie*, 87. Jg., 1968, H. 4, S. 563-591, hier S. 568; Henkel spricht vom „linearen Duktus des Reiseromans".

3 Boy Hinrichs, *Utopische Prosa als Längeres Gedankenspiel. Untersuchungen zu Arno Schmidts Theorie der Modernen Literatur und ihrer Konkretisierung in „Schwarze Spiegel", „Die Gelehrtenrepublik" und „Kaff auch Mare Crisium"* (Tübingen: Niemeyer 1986), S. 250.

gekennzeichnet ist – ins Genre der Reisebeschreibung, denn zu Reisebeschreibungen gehört naturgemäß auch die ausgiebige Beschreibung der reisend aufgesuchten und detailliert erforschten Orte und Ziele. Ich möchte deswegen dafür plädieren, die *Gelehrtenrepublik* mindestens ebensosehr im Genre des Reise- wie in jenem des utopischen Romans verankert zu sehen, und dies um so mehr, als Schmidt zeit seines Lebens ein starkes Interesse an Reisebüchern jeder Art gezeigt hat[4]. Schmidts früheste und dauerhaft prägende Leseerlebnisse waren die Bücher von Jules Verne, Karl May, James Fenimore Cooper und etwas später Edgar Allan Poe; in den Romanen dieser vier Autoren aber wird fast unablässig gereist, und Anspielungen zumindest auf die Texte Vernes, Mays und Coopers sind nicht ohne Grund in der *Gelehrtenrepublik* zu finden. Aber auch Schmidts eigene Texte folgen nicht selten dem linearen Plot einer Reisebewegung. Seine früheste erhaltene Erzählung überhaupt, das Fragment *Die Insel*, sollte sich im leider nicht ausgeführten Teil über eine Reise entfalten; die vier ersten Nachkriegserzählungen sind als Reisetagebücher angelegt („Enthymesis“ und „Alexander“) oder zielen auf eine Flucht („Leviathan“ und „Gadir“); noch in seinen drei späten Dialogromanen thematisierte Schmidt Reisen mit insularen Zielen, nämlich nach Spenser Island und Fanø (*Die Schule der Atheisten*), Tasmanien (*Abend mit Goldrand*) und auf den Wilhelmstein (*Julia*). Obwohl Schmidt selbst bekanntlich ungern reiste, befaßte er sich in seinen Texten wiederholt

---

4 Vgl. Friedhelm Rathjen, „Nachwort: Windespfeifen und Grasgewischel“, in Meriwether Lewis & William Clark, *Tagebuch der ersten Expedition zu den Quellen des Missouri, sodann über die Rocky Mountains zur Mündung des Columbia in den Pazifik und zurück, vollbracht in den Jahren 1804-1806*, ausgewählt, übersetzt u. herausgegeben v. Friedhelm Rathjen (Frankfurt a.M.: Zweitausendeins 2003), S. 545-587, hier S. 567 f.

mit den Fluchtimpulsen von Nomadentum und Nichtseßhaftigkeit, etwa in „Schwarze Spiegel" mit der Ausbruchbewegung eines „Pedanten zum Vaganten"[5], in „Seelandschaft mit Pocahontas" mit verschiedenen Migrationsformen[6], in „Die Wasserstraße" mit Wanderschaft und Wohnsitznahme[7]. Zu den Büchern, die Schmidt 1957 – im Jahr der Niederschrift der *Gelehrtenrepublik* – seiner Bibliothek einverleibt, gehören etliche Bände, die sich zumindest im weiteren Sinne dem Reisegenre zuschlagen

---

5 Arno Schmidt, „Schwarze Spiegel", in Bargfelder Ausgabe, Bd. I/1 (Zürich: Haffmans 1987), S. 199-260, hier S. 208; vgl. dazu Friedhelm Rathjen, „Utys in der Post. Arno Schmidts Lebens- und Lesetext in einer Passage von ‚Schwarze Spiegel'", in *Bargfelder Bote*, Lfg. 170-171 / Oktober 1992, S. 3-16, hier S. 12 f.; Nachdruck in Friedhelm Rathjen, *Textarbeit, Textvergnügen. Einzeltextstudien zu Arno Schmidt* (Scheeßel: Edition ReJoyce 2008), S. 17-34, hier S. 30.

6 Vgl. Friedhelm Rathjen, „Sprechen Sie deutsch? Arno Schmidts *Seelandschaft mit Pocahontas* als Fremdsprachentext", in Sabine Kyora / Uwe Schwagmeier (Hg.), *Pocahontas revisited. Kulturwissenschaftliche Ansichten eines Motivkomplexes* (Bielefeld: Aisthesis 2005), S. 207-225. – Zur möglichen Anwendbarkeit von Salman Rushdies Migrationsmodell auf Schmidt vgl. Friedhelm Rathjen, „Umziehn: Von Findelkindern der Wurzellosigkeit. Schmidt, Rushdie und Joyce wider den Kulturpurismus", in Rolf Lettner-Zimsäckerl (Hg.), *Zettelkasten 13. Aufsätze und Arbeiten zum Werk Arno Schmidts. Jahrbuch der Gesellschaft der Arno-Schmidt-Leser 1994*. Frankfurt a.M. / Wiesenbach: Bangert & Metzler 1994, S. 225-271 Nachdruck in Friedhelm Rathjen, *Bargfeld Transfer. Studien zu Arno Schmidt als Übersetzer und Transformator* (Scheeßel: Edition ReJoyce 2010), S. 81-109.

7 Vgl. Friedhelm Rathjen, „Mit Blake und Borrow von Bargfeld nach Blickwedel. Zum Zitatismus in Arno Schmidts ‚Wasserstraße'", in Guido Erol Öztanil (Hg.), *Zettelkasten 24. Aufsätze und Arbeiten zum Werk Arno Schmidts. Jahrbuch der Gesellschaft der Arno-Schmidt-Leser 2005* (Wiesenbach: Bangert & Metzler 2005), S. 211-271, hier S. 263 f.; Nachdruck in Friedhelm Rathjen, *Inselwärts. Arno Schmidt und die Literaturen der britischen Inseln* (Scheeßel: Edition ReJoyce 2008), S. 117-164, hier S. 158.

lassen: Jerome K. Jeromes humoristische Boots- bzw. Radtourberichte *Three Men in a Boat* und *Three Men on the Bummel*[8], John Bunyans allegorische Pilgerreise *The Pilgrim's Progress*[9], Herman Melvilles Roman einer Walfangreise *Moby-Dick*[10], Laurence Sternes *Sentimental Journey through France and Italy* als Teil einer Sterne-Gesamtausgabe[11], ein Asien-Band der *Allgemeinen Historie der Reisen zu Wasser und Lande*[12], Alexander von Humboldts *Reise in die Aequinoctial-Gegenden des neuen Continents*[13] und Francis Parkmans nordamerikanische Reisebeschreibung *The Oregon Trail*[14]. Schon seit dem September 1945 in Schmidts Besitz befindet sich der Expeditionsbericht *The Secret of the Sahara* von Rosita Forbes[15], dessen Lektüre bereits in „Enthymesis"[16] und „Massenbach"[17] Spuren hinterlassen hat; im Text der

---

8 Vgl. Dieter Gätjens, *Die Bibliothek Arno Schmidts. Ein kommentiertes Verzeichnis seiner Bücher*, neue Ausgabe, durchgesehen und erweitert von Günter Jürgensmeier (Bargfeld: Arno Schmidt Stiftung 2003 / im Internet: www.arno-schmidt-stiftung.de/Archiv/Bibliotheksverzeichnis.html). Nr. 547.

9 Vgl. ebd., Nr. 501.

10 Vgl. ebd., Nr. 566.

11 Vgl. ebd., Nr. 591.1.

12 Vgl. ebd., Nr. 902.

13 Vgl. ebd., Nr. 921.

14 Vgl. ebd., Nr. 932.

15 Vgl. ebd., Nr. 913.

16 Vgl. Arno Schmidt, „Enthymesis oder W.I.E.H.", in Bargfelder Ausgabe I/1, a.a.O., S. 7-31, hier S. 9 u.ö. (der Name „Mabsut") und S. 21 („Beschar› d.h. ‹Der Reisende›"). Vgl. als Quelle Rosita Forbes, *The Secret of the Sahara: Kufara* (Harmondsworth: Penguin ^{2}1937), S. 46, 83, 85 (der Name „Mabsut", übersetzt als „happy"), S. 92 („Ibrahim Bishari, the traveller").

17 Vgl. Arno Schmidt, „Massenbach. Historische Revue", in Bargfelder Ausgabe, Bd. II/1 (Zürich: Haffmans 1990), S. 7-104, hier S. 38: „Oase Kufra" (identisch mit jenem Kufara, das das Ziel der Forbes-Expedition ist).

Gelehrtenrepublik läßt Schmidt unaufdringlich den Titel des Buches von Forbes fallen, und zwar gerade nicht im Anreise-Teil, sondern gegen Ende jenes Teils, der auf der Insel spielt[18]; man kann dies durchaus als Teil einer Strategie verstehen, Verweise auf Beispiele des Reiseliteratur-Genres systematisch in den Text der *Gelehrtenrepublik* einzubauen. Auch der abenteuerliche Kriminalroman *Der weiße Süden* von Hammond Innes, den Schmidt sechs Jahre zuvor für Rowohlt übersetzt hat und der – obwohl Schmidt von dem reißerischen Buch durchaus abgestoßen ist – in vielen Details auf die *Gelehrtenrepublik* abfärbt[19], ist im weiteren Sinne ein Reise-Text, denn die Handlung von *Der weiße Süden* setzt sich zusammen aus einer kürzeren Flugreise (von London über Treviso, Kairo und Nairobi nach Kapstadt) und einer sich anschließenden längeren Walfangreise in der Antarktis, die in einen sensationsschwangeren Kampf ums Überleben ausartet.

Wenige Monate, bevor er seine *Gelehrtenrepublik* schreibt, übersetzt Arno Schmidt im Frühjahr 1957 einen weiteren, diesmal nicht fiktiven Reisebericht, der als solcher in vielfacher Hinsicht Materiallieferant für den eigenen Roman wird: *Sorcerers' Village*[20] (in Schmidts

---

[18] Vgl. Arno Schmidt, *Die Gelehrtenrepublik. Kurzroman aus den Roßbreiten*, in Bargfelder Ausgabe, Bd. I/2 (Zürich: Haffmans 1986), S. 221-349, hier S. 297: „Bis der Wüstensohn, Secret of the Sahara, meinen Satz festen Mundes abschloß: »Völlig verfehlt.« –“ Zitate aus der *Gelehrtenrepublik* werden künftig nach dieser Ausgabe im Text mit dem Kürzel „Glr“ nachgewiesen.

[19] Vgl. Friedhelm Rathjen, „IRAS auf Eis. Arno Schmidt (üb)ersetzt Hammond Innes“, in Kurt Jauslin (Hg.), *Zettelkasten 7. Aufsätze und Arbeiten zum Werk Arno Schmidts. Jahrbuch der Gesellschaft der Arno-Schmidt-Leser 1989* (Frankfurt a.M.: Bangert & Metzler 1989), S. 37-61, hier S. 44-50. Nachdruck im vorliegenden Band, S. 41-66, hier S. 51-59.

[20] Hassoldt Davis, *Sorcerers' Village*, with Photographs by Ruth and Hassoldt Davis (London, Toronto, Wellington, Sydney: George G.

Übersetzung dann: *Das Dorf der Zauberer*[21]) von Hassoldt Davis, den Bericht einer 1950/51 erfolgten Expedition des Autors mit seiner Frau an der Elfenbeinküste. Von allen Büchern, die Arno Schmidt geschrieben respektive übersetzt hat, fand wohl keines so wenig Widerhall wie *Das Dorf der Zauberer*; es ist keine einzige Rezension des Buches nachzuweisen, und auch die Schmidt-Sekundärliteratur hat sich über dieses Buch bisher fast völlig ausgeschwiegen – mit zwei Ausnahmen. Rainer Barczaitis hat in seinen Publikationen zu Schmidts Übersetzungsarbeiten darauf hingewiesen, daß Details aus dem *Dorf der Zauberer* in einigen wenigen Texten Schmidts wieder auftauchen, nämlich in der Erzählung „Am Fernrohr“ (1957)[22], dem Feuilleton „Die reisenden Damen“ (1959)[23], dem Roman *Kaff auch Mare Crisium* (1960)[24] und der Karl-May-Studie *Sitara und der Weg dorthin*

Harrap & Co. Ltd 1956). Zitate aus dieser Ausgabe werden im Text mit dem Kürzel „SV“ nachgewiesen.

[21] Hassoldt Davis, *Das Dorf der Zauberer*, mit 31 Abbildungen von Ruth und Hassoldt Davis, deutsche Übersetzung von Arno Schmidt (Berlin: Ullstein 1958). Zitate aus dieser Ausgabe werden im Text mit dem Kürzel „DZ“ nachgewiesen.

[22] Vgl. Rainer Barczaitis, „Übersetzung als Steinbruch. Einige Anmerkungen zur Frage der Stellung von Arno Schmidts Übersetzungen im Gesamtwerk“, in Karl-Heinz Brücher (Hg.), *Zettelkasen 3. Aufsätze und Arbeiten zum Werk Arno Schmidts. Arno Schmidt Tagung in Bensheim Juni 1984* (Frankfurt a.M.: Bangert & Metzler 1984), S. 132-140, hier S. 133 f.: die Neigung heranwachsender Lobi zum Elternmord. Der Hinweis findet sich auch in Rainer Barczaitis, *›Kein simpel-biedrer Sprachferge‹. Arno Schmidt als Übersetzer* (Frankfurt a.M.: Bangert & Metzler 1985), S. 290.

[23] Vgl. Barczaitis, „Übersetzung als Steinbruch“, a.a.O., S. 136: Ruth Davis erhält Einblicke in die Welt der Lobi-Frauen. Hinweis auch in Barczaitis, *›Kein simpel-biedrer Sprachferge‹*, a.a.O., S. 291.

[24] Vgl. Barczaitis, „Übersetzung als Steinbruch“, a.a.O., S. 136: der Bananengeschmack gerösteter Frauenbrüste.

(1963)[25]; ergänzend wäre noch die Erzählung „Nebenmond und rosa Augen“ (1959) zu nennen, in der „eine junge Katze [...] bei dem leisesten Streicheln starke Funken sprühte“[26], heißt es doch im *Dorf der Zauberer* einmal von einer Wildkatze, die dem Autor auf der Brust sitzt: „Die Enden der Barthaare sprühten Funken.“ (DZ 213). Schließlich weist Barczaitis auch darauf hin, in der *Gelehrtenrepublik* sei „die Durchquerung des Hominidenstreifens an einigen Stellen von [*Das Dorf der Zauberer*] beeinflußt“, und verweist auf die in Schmidts Roman heranbrausenden Zentauren, die eine heransprengende Phalanx von Pferdeantilopen bei Davis zitieren.[27] Barczaitis urteilt in diesem Zusammenhang: „Nirgendwo ist die Tatsache von Bedeutung, daß die eine oder andere Einzelheit aus einer bestimmten Übersetzung stammt: Eine engere Beziehung zwischen der Übersetzung und dem Text, in dem Schmidt die Übersetzung verwendet, wird

---

[25] Vgl. ebd., S. 137: Wortspiel „abode“ / „adobe“. Hinweis auch in Barczaitis, ›*Kein simpel-biedrer Sprachferge*‹, a.a.O., S. 291.

[26] Arno Schmidt, „Nebenmond und rosa Augen“, in Bargfelder Ausgabe, Bd. I/4 (Zürich: Haffmans 1988), S. 135-140, hier S. 135. – Rudi Schweikert macht mich allerdings freundlicherweise darauf aufmerksam, daß es sich in diesem Fall um eine wörtliche Übernahme aus Schmidts Quelle für die Naturschilderungen in dieser Erzählung handelt, dem ersten Jahrgang des *Archivs für die gesammte Naturlehre*: „Zu bemerken ist auch noch, daß eine junge Katze, die sonst wenig Electricität zeigte, in den kalten Tagen am 23., 24., 25. Januar [1823] bei dem leisesten Streicheln starke Funken sprühte.“ (H. W. Brandes, „Beobachtungen über die große Kälte im Januar 1823; angestellt an einigen Orten in Schlesien“, in *Archiv für die gesammte Naturlehre*, hg. v. K. W. G. Kastner (Nürnberg: Schrag 1824), 2. Bd., S. 408-412, hier S. 410 f.)

[27] Rainer Barczaitis, „Kein gut Wort? Arno Schmidts frühe Übersetzungen“, in Michael Matthias Schardt (Hg.), *Arno Schmidt. Das Frühwerk III. Vermischte Schriften. Interpretationen von ‚Die Insel‘ bis ‚Fouqué‘* (Aachen: Alano 1989), S. 307-321, hier S. 318 f.

eben nicht gestiftet."[28] Monika Albrecht hingegen sieht in ihrem Aufsatz „‚Mir war nie wohl in meiner rosa Haut'" doch eine enge Beziehung zwischen dem *Dorf der Zauberer* und der *Gelehrtenrepublik* und versucht nachzuweisen, daß die *Gelehrtenrepublik* geradezu als Gegenbild zu dem kurz zuvor übersetzten Davis-Buch („ein rassistisches Machwerk übelster Sorte"[29]) angelegt ist – mit diesem äußerst interessanten Ansatz werde ich mich noch zu beschäftigen haben.

Da außer Barczaitis und Albrecht offenbar noch niemand Schmidts Davis-Übersetzung Beachtung geschenkt hat, möchte ich jedoch zunächst kurz auf die Entstehung der Übersetzung und ihre Qualität eingehen. Am 7. Februar 1957 bekommt Schmidt vom Ullstein-Verlag das Buch zur Übersetzung angeboten; am 13. Februar nimmt er das Angebot an.[30] (Ein genau an diesem Tag von seinem eigenem Verleger Ernst Krawehl eingehendes Übersetzungsangebot – es handelt sich um einen Roman von Nicholas Mosley – muß Schmidt deswegen ablehnen, da er zwei Übersetzungen in der ihm zur Verfügung stehenden Zeit nicht schaffen kann oder will.[31]) Drei Tage später schreibt Schmidt an seinen Freund Wilhelm Michels:

---

28 Ebd., S. 132.

29 Monika Albrecht, „‚Mir war nie wohl in meiner rosa Haut'. Arno Schmidts ‚Kurzroman' *Die Gelehrtenrepublik* aus postkolonialer Sicht", in Timm Menke u. Robert Weninger (Hg.), *Der Prosapionier als Letzter Dichter. Acht Vorträge zu Arno Schmidt*, Hefte zur Forschung 6 (Bargfeld: Arno Schmidt Stiftung 2001), S. 53-72, hier S. 60.

30 Vgl. Arno Schmidt, *Der Briefwechsel mit Eberhard Schlotter. Mit einigen Briefen von und an Alice Schmidt und Dorothea Schlotter*, hg. v. Bernd Rauschenbach (Zürich: Haffmans 1991), S. 35 (Anmerkung des Herausgebers zu Brief Nr. 12 v. 8.3.57).

31 Vgl. ebd., S. 36 (Anmerkung des Herausgebers zu Brief Nr. 12 v. 8.3.57).

> Die letzte englische Übersetzung hat Ullstein so gut gefallen, daß sie mir sofort die nächste verpaßt haben. Gottlob leidlich leicht; ein astreiner Entdeckerschinken aus dem dunkelsten Afrika: schwarze Schauermagie und weißes Schmalz. Dazu brauche ich aber die Michelin=Karte von Westafrika: sie führt die Nummer 182, hat den Maßstab 1:3.000.000, und kostet rund 3.80 DM.[32]

Noch einige Tage später, am 20. Februar, schreibt Schmidt seine Erzählung „Am Fernrohr“ und baut darin fast wortwörtlich eine Episode aus *Sorcerers' Village* ein.[33] In einem sehr launig formulierten Brief an Eberhard Schlotter geht Schmidt am 8. März 1957 mit ähnlichen Worten wie schon zuvor gegenüber Michels auf den Übersetzungsauftrag ein, fügt zudem aber noch einige kritische Formulierungen an:

> was bleibt mir groß übrig, als wieder einmal mehr die Arbeit zu verschieben, und erst das neue englische

---

32 Arno Schmidt, *Der Briefwechsel mit Wilhelm Michels. Mit einigen Briefen von und an Elfriede Bokelmann, Erika Michels und Alice Schmidt*, hg. v. Bernd Rauschenbach (Zürich: Haffmans 1987), S. 64 (Nr. 64 v. 16.2.57).

33 Vgl. Arno Schmidt, „Am Fernrohr“, in Bargfelder Ausgabe I/4, a.a.O., S. 107-110, hier S. 110: „Er brachte noch den neuesten afrikanischen Entdeckerschinken an: »Bei den Lobis wird kein Jüngling als vollwertig angesehen, ehe er nicht Vater oder Mutter getötet hat! Und das hat möglichst frühzeitig zu geschehen; sobald der junge Mann einen unvorsichtigen Tadel als unbegründeten Vorwurf gegen seine Mannheit empfindet. Erst dann wird er aufs höchste von Verwandten und Bekannten geachtet; einschließlich der Verlobten, die nur darauf gewartet hat, um endlich seine Vollbraut zu werden. Die Freunde bringen ihm Gratulationsgaben; man tanzt entsprechend und singt: »also diese Eltern sollen bloß vorsichtig sein!«“ Vgl. die ausführlichere Fassung in Schmidts Davis-Übersetzung: DZ 127. (Nachweis zuerst in Barczaitis, „Übersetzung als Steinbruch“, a.a.O., S. 133 f.)

> Machwerk zu übersetzen: es ist dazu noch ein astreiner afrikanischer Entdeckerschinken; schwarze Magie & weißes Schmalz; nur ausgezeichnet durch die größere und unverschämtere Verlogenheit des Verfassers. Wenn früher bescheiden=verlogene Reisende sich darauf beschränkten, geheimnisvoll anzudeuten, wie ein Freund oder Boy von ihnen durch einen griesgrämigen Nigger=Medizinmann impotent gehext worden sei; dann behauptet *der* hier: ihn *selbst* habe man beim harmlosen Fotografieren flugs rechtsseitig gelähmt; und erst durch Entrichtung von 2.000 Kaurimuscheln (das sind 36 D=Mark 50) habe er sich wieder entparalysieren lassen.[34]

Belustigt zeigt sich Schmidt im selben Brief über die exotisch-sexistischen Zugaben, mit denen das Buch versehen ist: „Vorn sind 20 Seiten Fotos von nackten Negerinnen drin; hierzu die Anmerkung des Verfassers: »Jungfrauen sind in ganz Afrika so selten aufzutreiben, daß sich die Meinung durchgesetzt hat: hier würden gar keine geboren!« Aber er lügt ja sicher wieder.“ [35] Wenn hier jemand „lügt“, dann ist das Schmidt selbst, denn erstens sind die Bildtafeln nicht vorne eingebunden, sondern über das ganze Buch verteilt, und zweitens findet sich keineswegs in den Bildlegenden, sondern gänzlich ohne Zusammenhang damit im Text die von Schmidt gemeinte Passage, die sich allerdings doch ein wenig anders liest: „Ganz Agniland war [für ein Fest] nach heiratsfähigen Jungfrauen durchsucht worden, unbefleckt und dennoch erwachsen genug, um die Schemel der neun

---

[34] Schmidt, *Der Briefwechsel mit Eberhard Schlotter*, a.a.O., S. 31 f. (Nr. 12 v. 8.3.57). – Vgl. DZ 64 f. und 72-76, wo die ‚Verhexung‘ geschildert wird; für den Gegenzauber zahlt der Autor allerdings nicht 2000 Kauri, sondern 2000 Francs.

[35] Ebd., S. 32 (Nr. 12 v. 8.3.57).

toten Könige transportieren zu können. Und es heißt, daß in Afrika schon eine geborene Jungfrau zu den Raritäten zählt.“ (DZ 57)

Am 12. März bedankt sich Schmidt bei Michels für die von diesem gelieferte Westafrika-Karte: „die hilft enorm! Ich werde sogar der deutschen Buchausgabe eine neue danach zeichnen!“[36] Tatsächlich wird dann die Buchausgabe von Schmidts Übersetzung im Vor- und Nachsatz eine Landkarte der Elfenbeinküste mit der eingezeichneten Reiseroute Davis’ enthalten, gezeichnet von Elisabeth Armgardt offenbar auf der Basis der von Schmidt erstellten; der Originalausgabe war hingegen nur eine völlig unbrauchbare Übersichtskarte von „French West Africa“ beigegeben (SV 4). Mit der Übersetzungsarbeit hat Schmidt aber zu diesem Zeitpunkt noch nicht begonnen; im März 1957 ist er noch mit anderen Arbeitsprojekten beschäftigt, vor allem mit dem Funkessay „Klopstock oder verkenne Dich selbst“; zudem kommt ihm am 28. März der „1. Einfall zur 3. großen Groteske, der ‚Kunstinsel‘“, und er macht sich „viele Notizen“[37] für das, was später die *Gelehrtenrepublik* werden wird. Kurz danach dann beginnt Schmidt mit seiner Übersetzung; an Andersch schreibt er am 5. April: „Ich tagelöhnere auch wieder hübsch regelmäßig: 6 Stunden am Tage übersetzen; den Rest zum Posterledigen; evtl. ab und zu ne Kurzgeschichte produzieren: so liegt mein Pensum für April und Mai fest.“[38] Tatsächlich unterbricht Schmidt die

---

[36] Schmidt, *Der Briefwechsel mit Wilhelm Michels*, a.a.O., S. 66 (Nr. 67 v. 12.3.57). – Die Landkarte ist in Schmidts Nachlaßbibliothek vorhanden; vgl. Gätjens / Jürgensmeier (Hg.), *Die Bibliothek Arno Schmidts*, a.a.O., Nr. 950.

[37] Rauschenbach, „Editorisches Nachwort zur Entstehung des Romans“, a.a.O., S. 201.

[38] Arno Schmidt, *Der Briefwechsel mit Alfred Andersch. Mit einigen Briefen von und an Gisela Andersch, Hans Magnus Enzensberger,*

Übersetzungsarbeit am 5. Mai für den Versuch, eine Kurzgeschichte mit dem Titel *Dichter machen* zu verfassen; in Schmidts Notizen dazu taucht der Name „Albert Leroy“ auf, ergänzt um die kryptischen Hinweise „* 1906; résistance; Wüste & Urwald“[39]; auf der „Plantage von Albert Leroy“, dessen Bruder ein „großer Kriegsheld“ (DZ 179) sein soll, ist eine Szene im *Dorf der Zauberer* angesiedelt. Das Projekt „Dichter machen“ läßt Schmidt allerdings schon vor der Niederschrift fallen und schreibt statt dessen die Erzählung „Schulausflug“. Die Arbeit an der Davis-Übersetzung zieht sich unterdes bis Ende Mai hin; am 23. Mai schreibt Schmidt an Helmut Heißenbüttel: „Ich werde programmgemäß in den letzten Maitagen mit meiner eben laufenden Übersetzung fertig“[40]. Schmidt verwendet also insgesamt etwa acht Wochen auf die Übersetzungsarbeit, pro Tag schafft er demzufolge im Durchschnitt fünf Seiten – das heißt, daß er sich sichtlich mehr Mühe gibt als sechs Jahre zuvor bei seiner ersten Übersetzung *Der weiße Süden*, denn jenen – ungefähr gleich umfänglichen – Roman hatte er in bloßen 24 Tagen herunterübersetzt[41]. Heißt das womöglich, daß die Qualität der Davis-Übersetzung besser ist als die der sehr schludrigen Innes-Übersetzung?

Zumindest fallen bei der vergleichenden Lektüre von *Sorcerers' Village* und *Das Dorf der Zauberer* keine groben Ungereimtheiten auf. Es scheint keine Auslassungen zu geben; Schmidts Übersetzung ist insgesamt verläßlich,

---

Helmut Heißenbüttel und Alice Schmidt, hg. v. Bernd Rauschenbach (Zürich: Haffmans 1985), S. 116 (Nr. 125 v. 5.4.57).

39 Arno Schmidt, „Dichter machen“, in *Fragmente. Prosa, Dialoge, Essays, Autobiografisches* (Frankfurt a.M.: Suhrkamp 2003), S. 47-51, hier S. 49.

40 Schmidt, *Der Briefwechsel mit Alfred Andersch*, a.a.O., S. 118 (Nr. 131 v. 23.5.57).

41 Vgl. Rathjen, „IRAS auf Eis“, a.a.O., S. 37 (bzw. Nachdruck, S. 41).

und zudem bemüht sich Schmidt erkennbar, die Stillage des Originaltextes einigermaßen zu bewahren. Davis schreibt ein sehr munteres, journalistisch-umgangssprachliches Englisch voller Schnoddrigkeiten; wenn er einmal einen mehr oder weniger gelehrten Exkurs einflicht, entschuldigt er sich meistens sogar bei seinen Lesern (oder seiner Frau) für die Langeweile, die er damit vermeintlich stiftet. Eine typische Davis-Formulierung lautet: „The next day was a hell of a one. Everything happened." (SV 59) Schmidt macht daraus: „Am nächsten Tag war dann der Teufel los. Alles kam zusammen." (DZ 57) Das ist als Versuch, den Duktus des Originaltextes umzusetzen, durchaus akzeptabel, auch wenn Schmidt nicht gar so flapsig formulieren mag, wie er es seinem Erzähler Charles Henry Winer dann in der *Gelehrtenrepublik* gestattet. Zumindest die zugänglicheren von Davis' Anspielungen werden von Schmidt verstanden und entsprechend umgesetzt; der im Text erwähnte „streetcar called desire" (SV 102) beispielsweise wird in Schmidts Übersetzung zum „berühmten Straßenbahnwagen ‚Endstation Sehnsucht'" (DZ 102). Richtiggehend umständlich wird Schmidt nur selten, so etwa, wenn er „their pink politics" (SV 16) in der Umschreibung der „sozialistisch angehauchten politischen Ambitionen" (DZ 12) wiedergibt. Wie in diesem Fall bemüht sich Schmidt gelegentlich, gewissermaßen erläuternd zu übersetzen, wo er die Gefahr sieht, daß ein Detail dem deutschen Publikum nicht sofort zugänglich ist; Maßeinheiten beispielsweise werden in deutsche umgerechnet; wo im Original der Ort „Tehini, in the Lobi country, about three hundred miles away" (SV 105) ist, heißt es in Schmidts deutscher Fassung, es gehe nach „Téhini, zweihundertsiebzig Kilometer von hier" (DZ 105) – in diesem Fall hat Schmidt nicht nur stur umgerechnet, sondern auf der Karte nachgemessen und festgestellt, daß erstens die Distanz geringer ist als behauptet und zweitens der Zielort sich mit einem Akzentzeichen schreibt, das Davis durchgängig unterschlägt; solche Dinge korrigiert Schmidt stillschweigend. Ebenso setzt Schmidt, als Davis zwei amerikanische Zahnpastamarken erwähnt, dafür das deutsche Äquivalent „Colgate und Konsorten" (DZ 112) ein. Da es sich um einen Sachtext handelt, sind solche Eingriffe durchaus akzeptabel; dubioser wird es, wenn Schmidt den Affen Ernest, der in einer Szene eine prominente Rolle spielt, in der deutschen Fassung durchgängig „Ernst" (DZ 189 f.) nennt; man mag drüber spekulieren, ob dies womöglich ein pueriler Seitenhieb auf Ernst Krawehl und / oder Ernst Kreuder ist.

Da es sich um einen Sach- und keinen literarischen Text handelt, mag man es auch hinnehmen, daß Schmidt sich nicht um die Übersetzung von Wortspielen bemüht. In einer Szene heißt ein gewisser Koffee Bretelle den Autor mit einem Kalauer willkommen: „'You are welcome to my abode,' he said, 'to my adobe abode,' he said with a chuckle to be sure we caught on." (SV 83) Statt ein deutsches Pendant zu dem Kalauer zu suchen, übernimmt Schmidt den englischen und gibt eine Erläuterung zu: „‚Willkommen in meinem Heim', sagte er, ‚in meinem Hohlziegelheim', und kicherte, damit wir das Wortspiel von ‚adobe – abode' auch ja mitkriegten." (DZ 81 f.) (Später in *Sitara* dann wird Schmidt sich des Kalauers erinnern und bedienen.[42]) Auch den Kalauer, den die Homophone ‚sole' und ‚soul' ermöglichen, bildet Schmidt im Deutschen nicht nach, und in diesem Fall verzichtet er sogar auf jede erläuternde Hilfestellung; aus „our dear,

---

[42] Vgl. Arno Schmidt, *Sitara und der Weg dorthin. Eine Studie über Wesen, Werk & Wirkung KARL MAY's*, Bargfelder Ausgabe, Bd. III/2 (Zürich: Haffmans 1993), S. S. 64: „Man gelangt zu einfachsten adobe=abodes". (Nachweis zuerst in Barczaitis, „Übersetzung als Steinbruch", a.a.O., S. 137.)

bouncing old professor, the soles of whose feet were white as his soul was“ (SV 86) wird bei Schmidt „unser lieber alter beweglicher Professor, dessen Fußsohlen weiß waren wie seine Seele“ (DZ 85).

Mindestens an einer Textstelle macht Schmidt, was er bei anderer Gelegenheit seinem Übersetzerkollegen Georg Goyert vorhält, indem er nämlich „anstelle des farbigen, anschaulichen *Einzeldinges* stets den blassen *Oberbegriff* setzt“[43]: die „Sanjer [Singer] Sewing Machine“ (SV 73) reduziert er auf „eine Nähmaschine“ (DZ 72). Ansonsten läßt Schmidt, wenngleich er die Übersetzung auch wohltuend frei von seinen eigenwilligeren Stilmarotten hält, doch gelegentlich schon einmal eigene Formulierungen einfließen. Als im Original Davis und seine Frau sich entschließen „to film“ (SV 105), läßt Schmidt sie „mit der Filmkamera auf Bilderjagd [...] gehen“ (DZ 106) und nimmt damit eine Formulierung vorweg, der er in seiner Erzählung „Schulausflug“ verwendet[44], deren Abfassung er, wie bereits erwähnt, in die Übersetzungsarbeit einschiebt; aus „I lowered my spoon and made dutiful note of this“ (SV 114) macht Schmidt „Ich legte den Löffel hin und notierte mir pflichtgemäß das Faktum“ (DZ 114), eine Formulierung, die einige Jahre später in der Erzählung „Der Sonn’ entgegen .....“ wieder auftaucht[45].

---

[43] Arno Schmidt, „Der Bogen des Odysseus. Notwendige Berichtigung der Behauptung, daß ein Deutscher ihn neulich gespannt hätte“, in Bargfelder Ausgabe, Bd. II/2 (Zürich: Haffmans 1990), S. 7-30, hier S. 15.

[44] Arno Schmidt, „Schulausflug“, in Bargfelder Ausgabe I/4, a.a.O., S. 111-119, hier S. 114: „nehmen Sie den Notizblock mit, wir machen Studien, wir gehen auf Bilderjagd: Schulausflug!“

[45] Arno Schmidt, „Der Sonn’ entgegen .....“, in Bargfelder Ausgabe, Bd. I/3 (Zürich: Haffmans 1987), S. 293-311, hier S. 307: „Gestatte, daß ich mir das Faktum notiere.“

Naturgemäß gibt es auch Textdetails, die Schmidt nicht ganz korrekt übersetzt. Einmal heißt es: „Laughter was a good thing, I thought. Life was a great invention, and what a pity it wasn't here to stay" (SV 260); Schmidt macht daraus: „Lachen ist eine feine Sache, dachte ich, das Leben eine großartige Erfindung, und wie schade, daß man nicht hierbleiben kann" (DZ 263) – das ist eigentlich nicht richtig, denn Davis spricht davon, daß das Leben nicht bleibt, während in Schmidts Übersetzung der Mensch derjenige ist, der nicht bleibt; im Sinngehalt läuft zugegebenermaßen beides aufs selbe hinaus, eben die Vergänglichkeit des Menschen. Auch anderes gibt Hassoldt Davis Anlaß zum Grübeln: „Sitting on our splendid terrace, waiting for the notables of Tehini to come to the party we had announced by our boys, I wondered what God, if he had time to reflect, thought about the tsetse-fly." (SV 119) Schmidt macht daraus: „Während wir auf unserer herrlichen Terrasse saßen und warteten, ob die Hautevolee Téhinis zu dem Fest kommen würde, das wir durch unsere Boys hatten ansagen lassen, fiel mir ein, was Gott wohl, falls er Zeit zum Nachdenken haben sollte, von der Tsetsefliege halten mochte." (DZ 120) Im Endeffekt läuft beides aufs selbe hinaus, doch für „I wondered" ist „fiel mir ein" eine etwas ungenaue, um nicht zu sagen unbeholfene Übersetzung – da paßt es eigentlich ganz gut, daß Schmidt aus der hier auftauchenden „Hautevolee" dann in der *Gelehrtenrepublik* ein Übertragungsproblem machen und den hölzern-umständlichen Chr. M. Stadion eine „Unbeholfene Übersetzung von ‹Haute Volée›" (Glr 299) vorlegen lassen wird. Recht unbeholfen geht Schmidt ebenfalls zu Werke, als er die nette Formulierung des Davis-Begleiters N'dri, er sei „in love with both my three wives!" (SV 222), verflacht zu „so verliebt in zwei von meinen drei Frauen!" (DZ 224), wodurch der Witz verloren geht und der Sinngehalt verfälscht wird; korrekt wäre ‚in beide meine drei Frauen verliebt'. Noch verquerer wird es, wenn Schmidt den Satz „Quodio's wives were perpetually ill" (SV 25) übersetzt als „Quodios Frauen hatten beständig Brunstzeit" (DZ 22); der Sinn von „ill" mag zwar nicht ganz eindeutig sein, doch da es in der betreffenden Szene um die Übertragung von Geschlechtskrankheiten geht, wäre eine vorsichtigere Eindeutschung à la ‚krank' oder ‚leidend' sehr viel angemessener gewesen.

Einige Fehler in Schmidts Übersetzung beruhen ganz schlicht auf mangelnder Sachkenntnis. Den mehrfach in Davis' Text auftauchenden „pick-up" (SV 132 u.ö.) übersetzt der Nichtautofahrer Schmidt durchgängig als „Krankenauto" (DZ 133 u.ö.), vielleicht weil zu den vielen Personen, die ein solches Fahrzeug fahren, auch ein Arzt gehört. Noch ein anderes Fahrzeug bereitet Schmidt Schwierigkeiten: „The truck was a Renault *cabine avancée*, the best machine ever built for our sort of work" (SV 24). Schmidt mißversteht den französischen Terminus (gemeint ist eine Fahrerkabine, die ganz vorn über dem Motor angebracht ist), und übersetzt erläuternd: „*cabine avancée*, ein Renault, fortschrittlicher Bauart" (DZ 21). Einige Seiten später wird das Fahrzeug noch einmal beschrieben, und zwar auf eine Weise, die Schmidt eigentlich die Augen hätte öffnen müssen: „Our Renault 'advanced cabin' truck was really a 'retracted engine' type, in that the motor was under the seats of the driver and whoever sat beside him." (SV 31) Schmidt läßt sich aber von seinem Fehlverständnis nicht abbringen: „Unser Renault ‚fortgeschrittener Bauart' war in Wahrheit eher vom ‚rückgebildeten Typ'; insofern, als der Motor sich unterm Sitz des Fahrers und des jeweils neben ihm Sitzenden befand." (DZ 28) Als die Beerdigungsriten beim Volk der Lobi beschrieben werden, heißt es: „A funeral, for a Lobi, is almost as much fun as a marriage, like a rollicking

Irish wake“ (SV 127); Schmidt macht daraus: „Begräbnisse sind für den Lobi fast ebensolche Lustbarkeiten wie eine Hochzeit, vergleichbar dem Rummel bei einer irischen Beerdigung“ (DZ 128) – da Schmidt noch kurz vor seiner Übersetzungsarbeit das Projekt einer Auswanderung nach Irland verfolgt hat, hätte er eigentlich wissen können, daß ein „Irish wake“ keine Beerdigung, sondern eine Totenwache ist; bei der Beschäftigung mit Joyce und speziell mit *Finnegans Wake* wird er diese Bildungslücke bald schließen. Eine andere Bildungslücke, die im Frühjahr 1957 bei Schmidt noch klafft, betrifft offenbar die Psychoanalyse; als Ruth Davis einmal einen Satz mit „Freud ...“ beginnt, fährt ihr ein Gesprächspartner dazwischen: „In *Totem and Taboo*!“ (SV 71); Schmidt folgt korrekt dem Wortlaut, versieht sich jedoch bei der Titelkursivierung: „Freud [...] *In Totem und Tabu*!“ (DZ 69). Im *Dorf der Zauberer* wird mehrfach in feuilletonistischer Manier auf Freuds Lehre Bezug genommen (DZ 50: „Das wäre ein Traum für einen Psychoanalytiker“; DZ 79: „unser moderner Gott für alles, der Psychoanalytiker“; DZ 103: „wie der Psychoanalytiker sich ausdrückt [...] Unsicherheitskomplex“[46]), und wenngleich es müßig ist, darüber zu spekulieren, ob das zu Schmidts späterem Interesse an der Psychoanalyse beigetragen haben könnte, hat er sich bei der Arbeit an seiner Davis-Übersetzung doch zumindest mit der augenfälligen Tatsache konfrontiert gesehen, daß die Psychoanalyse mittlerweile zum kulturellen Allgemeinwissen der Moderne gehörte.

Seinerzeit noch nicht zum Allgemeinwissen westlicher Gesellschaften gehörten offenbar Kenntnisse über die

---

[46] Vgl. SV 102: „with the whisper of one who, as the analysts say, has a Sense of Basic Insecurity“; Schmidts Übersetzung „Unsicherheitskomplex“ bestärkt den Verdacht, daß er selbst zu diesem Zeitpunkt noch nichts von der Psychoanalyse versteht.

Beschneidungspraktiken in weiten Teilen Afrikas; daß auch Schmidt sich auf diesem Gebiet nicht auskannte, stellte ihn vor gewisse Probleme bei der Übersetzung einschlägiger Stellen im *Dorf der Zauberer*. Besonders deutlich wird dies in einer Passage, in der Davis den Gründen der Beschneidung junger Mädchen nachgeht: „the girl as usual must go through the gruesome ritual of excision, to lessen her pleasure in intercourse and supposedly keep her from roving.“ (SV 125) Schmidt übersetzt diese knappe Formulierung nicht nur, sondern er reichert sie mit einer ausführlichen Erläuterung an: „die Mädchen müssen, wie üblich, das grausame Ritual der Exzision über sich ergehen lassen: Klitoris und innere Schamlippen werden abgetragen, angeblich um den Genuß am Geschlechtsverkehr zu vermindern und sie leichter vom Ehebruch abzuhalten.“ (DZ 125 f.) Schmidt hat sich offenbar in *Meyers Großem Konversations-Lexikon* eingehend informiert, um solche Stellen verstehen und übertragen zu können; dort findet er beim Stichwort „Exzidieren“ die Erklärung „heraus-, entfallen; auch herausschneiden; Exzision, Ausschneidung“[47] (tatsächlich nennt Schmidt die Beschneidung von Mädchen fast durchgängig „Ausschneidung“[48]) und beim Stichwort

---

[47] Artikel „Exzidieren“, in *Meyers Großes Konversations-Lexikon. Ein Nachschlagewerk des allgemeinen Wissens*, 6. gänzlich neubearbeitete und vermehrte Auflage, neuer Abdruck, mit mehr als 16800 Abbildungen im Text und auf über 1500 Bildtafeln, Karten und Plänen sowie 190 Textbeilagen (Leipzig und Wien: Bibliographisches Institut 1905-1913), Bd. 6, S. 235.

[48] Vgl. z.B. DZ 256: „Die Mädchen in ihrem eigenen gegenüberliegenden Hexenhain mußten sich dem grausamen Gegenstück der Beschneidung, der Ausschneidung, unterziehen. Gewichtige Messingringe wurden ihnen zusätzlich um die Fußknöchel geschweißt, um ihnen den Umgang mit Männern noch mehr zu erschweren; und für ganz hartnäckige Herumtreiberinnen gab es ein

„Beschneidung" den Hinweis: „Auch die B. der Mädchen, wobei es sich meist um Ausschneidung der Klitoris, auch der halben Nymphen handelt, ist über einen großen Teil Afrikas, unter den Malaien, namentlich auf Java, in Peru und bei allen Indianern am Ucayalifluß verbreitet."[49] Durch die Einarbeitung dieser Information in seine Übersetzung verschafft Schmidt seinen Lesern immerhin einen Kenntnisgewinn – leider verfälscht er jedoch gleichzeitig die zutreffende Aussage Davis', die Beschneidung des Mädchens verfolge das Ziel, „to lessen her pleasure in intercourse", indem er diese Aussage durch ein „angeblich" abschwächt. (Dieses „angeblich" entspricht dem „supposedly" des Originals, das sich aber nicht auf das „lessen her pleasure", sondern lediglich auf das „keep her from roving" bezieht und hier zudem eher durch ‚vermutlich' zu übersetzen wäre.) Dies ist betrüblicherweise kein Einzelfall; an etlichen Textstellen verfälscht Schmidt durch unüberlegte Wortwahl den Gestus des Textes in sehr unglücklicher Weise, wie ich zum Schluß meines Beitrags noch anhand weiterer Beispiele zeigen werde.

An dieser Stelle möchte ich – zum vorläufigen Abschluß meiner Prüfung der Übersetzungsqualität – noch auf eine weitere Besonderheit der Schmidtschen Übersetzung hinweisen, die für den Konnex zur *Gelehrtenrepublik* nicht ohne Bedeutung ist. Im Zusammenhang mit den metaphysischen Vorstellung der afrikanischen Völker, mit denen Hassoldt Davis bei seiner Expedition zu tun hat, ist gelegentlich von Schutzgeistern die Rede, den sogenannten „genii" (SV 128 u.ö.). Arno Schmidt übersetzt diesen Begriff durchgängig mit „Genien" (was

extra großes Knöchelgeschmeide mit Schellen, wodurch man ihnen unter normalen Umständen auch im Finstern auf die Schliche kam."

49 Artikel „Beschneidung", in *Meyers Großes Konversations-Lexikon*, a.a.O., Bd. 2, S. 750.

keineswegs falsch, aber auch nicht zwingend ist), und so lesen wir in seiner Übersetzung dann beispielsweise:

> Einer der netteren Züge animistisch-fetischistischer Religionen ist der, daß man vermittels eines Opfers fast alle Schwierigkeiten bereinigen kann. Da es nach Oberst – jetzt General – Gardets Schätzung zwischen fünfundzwanzig und dreißig häusliche „Genien" gibt, findet man garantiert einen Nothelfer darunter, vorausgesetzt, daß man ihn gehörig für sich gewinnt. Wohl gibt es auch noch einen obersten Gott, nicht minder gestaltlos als der unsrige, den man ungefähr mit der Sonne identifiziert; aber ihn behelligt niemand; die Genien sind die eigentlichen Mittelsmänner zwischen Mensch und Gott, dem überlasteten; sie sind seine Delegierten und gewissermaßen die Puffer. (DZ 129)

In Schmidts *Gelehrtenrepublik* sind bekanntlich auch „Genien" unter dem Personal vertreten, nämlich die Künstler und Gelehrten auf der schwimmenden Insel (Glr 287: „auf rund 5 Menschenmillionen 1 Genie"), die zumindest von Außenstehenden als solche bezeichnet und durchaus verehrt werden; außerdem gibt es dort „die Ingenieure" (Glr 348), und in dem Wort ‚Ingenieur' ist ja die Lautfolge ‚Genie' enthalten. Die Lautfolge ‚dschenie' respektive ‚dschienie' läßt es zudem zu, auch einen ‚Dschinn' (der freilich kein Schutz-, sondern ein böser Geist ist) und schließlich Karl Mays ‚Dschinnistan' hinzuzuassoziieren. Die Verfolgung dieser Spur möchte ich mir jedoch versagen, da sie allzu weit von meinem Thema – der Hassoldt-Davis-Übersetzung und ihrer Relevanz für Schmidts *Gelehrtenrepublik* – wegführt.

Wie sieht es nun mit dieser Relevanz aus? Zunächst einmal ist das Grundgerüst beider Bücher vergleichbar; in beiden berichtet ein munterer Journalist von einer Reise durch weithin unbekanntes, den Normalsterblichen unzugängliches Gebiet; Ziel dabei ist das jeweils im Titel genannte legendenumwobene kulturelle Rüstzentrum, nämlich bei Davis ein Dorf, in dem Zauberer und Fetischer ausgebildet werden, bei Schmidt eine Insel, auf der Künstler und Gelehrte zu Meisterleistungen gebracht werden sollen. Schmidts Text zerfällt in zwei etwas ungleiche Teile, eben die Reise durch den Hominidenstreifen und den eigentlichen Besuch der Insel; das Buch von Davis ist in vier Kapitel gegliedert, beschreibt jedoch bei näherem Hinsehen zwei gesonderte Expeditionen – zunächst (in den beiden ersten Kapiteln) reist der Autor mit seinen Begleitern von Abidjan aus auf der Suche nach jenem unbekannten Zaubererdorf gen Norden, gelangt schließlich zu dem ihm sehr sympathischen Volk der Lobi, von dessen Riten und Gebräuchen er berichtet, doch es stellt sich heraus, daß das Zaubererdorf anderswo gelegen sein muß; also folgt (in den beiden verbleibenden Kapiteln) eine zweite Expedition, wiederum von Abidjan aus, die diesmal in die westliche Grenzregion der Elfenbeinküste und dort schließlich zum gewünschten Erfolg führt. Diese Parallelen der Grundkonstruktionen sind freilich so allgemeiner Natur, daß sie für den Nachweis eines funktionalen Zusammenhangs nicht hinreichen; dazu bedarf es konkreterer Textsignale.

Monika Albrecht führt in ihrem bereits angeführten Aufsatz „,Mir war nie wohl in meiner rosa Haut'" als solche konkreten Textsignale einige Details der von Schmidt dem Hominidenstreifen eingepflanzten Flora und Fauna an, nämlich die Dornenpflanze „Acanthosicyos horrida" (Glr 233), die „Welwitschientäler" (Glr 257) und schließlich die „Grant=Gazelle[n]" (Glr 235, 256), aus denen als Mutationsform die Zentauren entstanden sind. Albrecht weist darauf hin, daß die beiden genannten Pflanzenarten nur in Wüstenlandschaften Südwestafrikas vorkommen und die Grant-Gazelle aus Ostafrika stammt, und schließt daraus, daß Schmidt hier bewußt das Thema Afrika in seinen eigentlich nordamerikanischen Schauplatz einmontiert.[50] Daraus einen Verweis auf *Das Dorf der Zauberer* abzuleiten, wäre jedoch verfehlt, denn Davis führt seine Doppelexpedition weder in südafrikanischen Wüsten- noch in ostafrikanischen Savannenlandschaften aus, sondern in Westafrika, und zwar größtenteils in Urwaldgebieten; naturgemäß werden im *Dorf der Zauberer* weder die in der *Gelehrtenrepublik* auftauchende Dornenpflanze noch Welwitschien noch Grant-Gazellen erwähnt. Tatsächlich entstammen zumindest die betreffenden Pflanzen in Schmidts Text gänzlich anderen Kontexten. In Karl Mays *Ardistan und Dschinnistan* taucht an einer Stelle eine Pflanze auf, die von Abd el Fadl (dem Begleiter des Mayschen Erzählers) „Naras" genannt wird, „obwohl es nicht die eigentliche Naras war, die [...] nur in Südafrika vorkommt. Aber sie hatte große Ähnlichkeit mit *Acanthosicyos horrida*"[51]. May hat seine Kenntnis der Pflanze aus *Meyers Großem Konversationslexikon*[52]; Arno Schmidt war dies wohlbekannt, in *Sitara* weist er eigens darauf hin, den *Meyer*-Artikel „Acanthosicyos horrida" „samt der bunten Tafel ‹Wüstenpflanzen›" habe May „in A & D benützt"[53]. Das Vorkommen der Dornenpflanze in der *Gelehrtenrepublik* ist also ein Karl-May-Zitat, wobei

---

[50] Vgl. Albrecht, „„Mir war nie wohl in meiner rosa Haut'", a.a.O., S. 56-59.

[51] Karl May, *Ardistan und Dschinnistan* (Freiburg i.Br.: Fehsenfeld 1909), Bd. 1, S. 553.

[52] Vgl. Rudi Schweikert, „Ein lexikalischer Brotkorb. Die Narasfrüchte und das biblische Mannabrot in Karl Mays Ardistan und Dschinnistan", in *Das gewandelte Lexikon. Zu Karl Mays und Arno Schmidts produktivem Umgang mit Nachschlagewerken*, aus dem poetischen Mischkrug Band 2 (Wiesenbach: Bangert & Metzler 2002), S. 181-184, hier S. 181 f.

[53] Schmidt, *Sitara und der Weg dorthin*, a.a.O., S. 154.

es Teil dieses Zitats ist, daß die Pflanze an einem Ort wächst, wo sie in der außerliterarischen Realität keineswegs vorkommt; ebenso Teil des Zitats ist es, daß Schmidt sich zur Beschreibung der betreffenden Pflanze der Bildtafel „Wüstenpflanzen“ aus *Meyers Großem Konversationslexikon* bedient, wo gleich neben der „Acanthosicyos horrida“ die „Welwitschia mirabilis“ abgebildet ist; der dazugehörige Lexikonartikel „Wüstenpflanzen“ schließt mit dem Satz: „Charakterpflanzen der Kalahariwüste sind *Welwitschia* (Fig. 8) und die wassermelonenartige *Acanthosicyos* (Fig. 9).“[54] Tatsächlich scheint sich Arno Schmidt – und man kann dies als indirekte Reverenz an Karl May verstehen – bei der Ausstaffierung seines Hominidenstreifens planmäßig in den wüstenbezüglichen *Meyer*-Artikeln bedient zu haben; beispielsweise geht die in der *Gelehrtenrepublik* zu findende Baumartenaufzählung „Weiden, Pappeln, Ulmen und Celtis“ (Glr 252) zurück auf den *Meyer*-Artikel „Prärien“[55]. Die Grant-Gazelle muß Schmidt allerdings aus einer anderen Quelle haben, da sie in *Meyers Großem Konversationslexikon* nirgendwo erwähnt werden; daß es sich um Wissen aus populäreren Quellen handeln könnte, deutet eine Passage in Schmidts im Februar 1957 geschriebenem Feuilletontext *Wüstenkönig ist der Löwe* an, wo Schmidt die Grant-Gazelle zudem fälschlich den

---

54 Artikel „Wüstenpflanzen“, in *Meyers Großes Konversations-Lexikon*, a.a.O., Bd. 20, S. 801.

55 Vgl. Artikel „Prärien“, ebd., Bd. 16, S. 264 f., hier S. 265: „Die den P. eingestreuten Waldungen bestehen aus Pappeln, Weiden, Ulmen, *Celtis*-Arten (*C. occidentalis*) und aus Unterholz von den Gattungen *Rosa, Cornus, Ribes, Shepherdia, Prunus, Amorpha, Rhus, Amelanchier* u. a., vielfach durchwunden von Lianen, von *Vitis cordifolia, Clematis cordata, Celastrus scandens* und *Humulus*. Nur selten finden sich Koniferenbestände, bestehend aus *Juniperus barbadensis* oder *Pinus flexilis*.“

Savannen Süd- statt Ostafrikas zuschlägt[56]. (Vermutlich ist die Quelle *Brehms Tierleben*; in Schmidts Exemplar liegt ein Lesezeichen beim Artikel „Grantsgazelle“[57].) Die Flora und Fauna im Hominidenstreifen der *Gelehrtenrepublik* ist also keineswegs als pauschaler Verweis auf das Thema Afrika angelegt, sondern verweist ganz spezifisch erstens auf Wüsten- und Prärielandschaften, zweitens auf Süd- und Südwestafrika und drittens auf Ortsversetzungen und Fehlverortungen unter spezieller Anspielung auf Karl Mays *Ardistan und Dschinnistan*, einen allegorischen Reiseroman, den Schmidt schon durch die Wiederauferstehung von „Abd el Fadl“ in Gestalt eines „algerischen Friedensnobelpreisträgers“ (Glr 223) im „Vorwort des Übersetzers“ als Referenzfolie aufruft. Mit Hassoldt Davis und dem *Dorf der Zauberer* hat das alles gar nichts zu tun.

Konkrete Hinweise auf den Davisschen Expeditionsbericht finden sich in der *Gelehrtenrepublik* jedoch anderswo, und zwar in reicher Zahl. Nicht immer sind solche Hinweise eindeutig; beginnen möchte ich meine Aufzählung einschlägiger Stellen jedoch mit den besonders deutlichen Querverweisen in Gestalt englischsprachiger Textsplitter, die auf die englische Originalfassung des *Dorfs der Zauberer* zurückgehen. Über eine Stimmen-

---

[56] Vgl. Arno Schmidt, „Wüstenkönig ist der Löwe“, in Bargfelder Ausgabe, Bd. III/3 (Zürich: Haffmans 1995), S. 347-349, hier S. 347: „oder den ‹Krüger=Park› der Südafrikanischen Union, wo man nach Belieben mit Pavianen, Grant=Gazellen oder Flußpferden zusammen frühstücken kann: das hat alles der Kulturfilm viel geschickter und farbiger erledigt, als eine Schreibmaschine das auf einem zweidimensionalen Din=A=4=Blatt vermag.“

[57] Vgl. Alfred Brehm, *Brehms Tierleben. Allgemeine Kunde des Tierlebens*, 4. völlig neubearb. Auflage hg. v. Otto zur Strassen (Leipzig u. Wien: Bibliograph. Institut 1911-20), Bd. 13, S. 214. Nachweis durch Gätjens / Jürgensmeier (Hg.), *Die Bibliothek Arno Schmidts*, a.a.O., Nr. 1013.

erscheinung in der Wüste (hervorgerufen vermutlich durch einen „Witzbold von Förster“, der einen „Portable in die Steinritze versteckt“ hat) berichten die Zentauren Winer mit den Worten „nur wenn man das große Spitzohr ganz dicht hielt, hauchte es noch süß und einförmig gerillt, wie maiden’s mouth“ (Glr 248); der „maiden’s mouth“ ist vermutlich eine Parallelbildung zum „man’s mouth“ (SV 49), der in *Sorcerers' Village* einmal als Omen genannt wird. Gleich danach kommt es in der *Gelehrtenrepublik* zur Konfrontation „Wir, Brothers Three: contra einen Flammenbusch“ (Glr 249), der später noch die Beschreibung der Brontës als „Sisters Three“ (Glr 308) folgt; dies bezieht sich – anders als von mir an anderer Stelle vermutet[58] – wohl nicht (oder nur indirekt) auf die „brethren three“ in Robert Burns’ Gedicht „Bruce at Bannockburn“, sondern auf die mehrfache Bezeichnung einer Dreiergesellschaft aus dem Ehepaar Davis und einem sie bewirtenden Syrer als „Brothers Three“ (SV 35-37) in *Sorcerers' Village*. Sehr viel später in Schmidts Text, als Winer schon auf der schwimmenden Insel ist, überlegt er sich, was er machen will, falls ihn später einmal jemand des schlechten Zustandes der Welt wegen zur Verantwortung ziehen will: „I’ll give him a piece of my mind!“ (Glr 304). Diese Wendung ist eigentlich ein Zitat aus Robert Louis Stevensons *Treasure Island* (und als solches Arno Schmidt vermutlich seit langen Jahren bekannt); daß es just in der *Gelehrtenrepublik* wieder auftaucht, liegt aber wohl an einer Parallelstelle in *Sorcerers' Village* (SV 195: „She spoke at length – a piece of her mind, I assumed“), die Schmidt sehr zutreffend übersetzt

---

[58] Vgl. Friedhelm Rathjen, „Hinweise zu Schmidts Rezeption der einzelnen Gedichte“, in ders. (Hg.), *Music at Night. Arno Schmidt‹s Garden of Verses* (Scheeßel: Edition ReJoyce 2004), S. 156-171, hier S. 159.

hat als „Dann sagte sie etwas – uns die Meinung wahrscheinlich“ (DZ 196). Schließlich bedenkt Winer einen ‚eingetrockneten‘ Dichter mit der Formulierung „serves him right!“ (Glr 345) und benutzt damit eine Formulierung, die gegen Ende von *Sorcerers' Village* in Zusammenhang mit der vorgestellten Vertreibung eines Eindringlings aus dem Dorf fällt: „Serve him right, the heretic, the *voyeur*“ (SV 251u). Die hier auftauchende Vokabel *voyeur* ist übrigens dem Wörtchen *voyage* klanglich eng benachbart; tatsächlich sind sowohl Hassoldt Davis als auch Charles Henry Winer reisende Voyeure.

Mit dem *voyeur* wären wir bereits bei einer zweiten Fremdsprache neben dem Englischen; auffällig häufig stoßen im Text der *Gelehrtenrepublik* französische Vokabeln und Redewendungen an die Oberfläche. Fiktionslogisch ist dies eigentlich erstaunlich, denn weder Winer noch sein Übersetzer Stadion haben viel mit dem Französischen im Sinn; zwar treten im Text dann die beiden Frankokanadier Raoul und Louis Sébastien Mercier auf, doch auch außerhalb der betreffenden Szenen und auch schon vor dem ersten Zusammentreffen mit Raoul Mercier bedient sich Winer immer wieder französischer Sprachbrocken. Außerfiktional ließe sich das womöglich mit dem Thema der Französischen Revolution erklären, das Arno Schmidt zur Zeit der Arbeit an der *Gelehrtenrepublik* ausgiebig beschäftigte, vor allem in Zusammenhang mit dem *Lilienthal*-Projekt; es ist jedoch kaum vorstellbar, daß Schmidt die französischen Sprachsplitter ungeplant in den *Gelehrtenrepublik*-Text eingeflossen sein könnten, und als planmäßige Verweise auf die Revolution ergeben sie wenig Sinn. Eher schon ließen sich die vielen französischen Einsprengsel als Verbeugung vor Jules Verne deuten, dessen *L'île à hélice* immerhin die geheime Großvorlage des Schmidtschen Textes ist. Das heißt allerdings nicht, daß sich Verne in nennenswertem

Umfang als Quelle der französischen Wendungen namhaft machen ließe; soweit zu eruieren, stammen diese Wendungen in der *Gelehrtenrepublik* aus sehr unterschiedlichen Quelltexten – das „Cela ne sent rien: ces Papillons là“ (Glr 269) beispielsweise, mit dem Raoul Mercier Winers Mitgefühl mit einer „Fliegenden Maske“ abtut, ist ein Zitat aus Kügelgens *Jugenderinnerungen eines alten Mannes*, wo damit die Auffassung des Tierquälers Fontenelle, Hunde hätten keine Seele, charakterisiert wird[59]. Nun ist es zudem so, daß ähnlich wie in der *Gelehrtenrepublik* auch in *Sorcerers' Village* etliche französische Sprachbrocken im Text mitschwimmen; die von Davis geschilderte Expedition findet immerhin in der französischen Kolonie Elfenbeinküste statt, weswegen die von Davis wiedergegebenen Gespräche vor Ort größtenteils in französischer Sprache geführt wurden – im Buch erscheinen sie folglich nicht wortgetreu, sondern in einer (englischen) Übersetzung, ebenso wie ja auch die *Gelehrtenrepublik* als (deutsche) Übersetzung eines fremdsprachigen Textes präsentiert wird. Bei zweien der französischsprachigen Brocken in Schmidts *Gelehrtenrepublik* handelt es sich in der Tat um direkte oder indirekte Zitate aus dem *Dorf der Zauberer*. In der täglich wechselnden Inselpräsidentschaft vertritt kurioserweise „1 Araber [...]

---

[59] Vgl. Wilhelm von Kügelgen, *Jugenderinnerungen eines alten Mannes 1802-1820*, nach dem Original=Manuskript mit reichem, zumeist noch unveröffentlichtem Bilderschmuck hg. v. Professor Dr. Johannes Werner (Leipzig: Koehler 1924), S. 253 f.: „Wie der berühmte Cartesius sich bewogen fühlte, die Tiere für bloße Maschinen zu halten, und Fontenelle, als man ihm vorwarf, daß er seinen Hund malträtiere, sagte: ‚*Cela ne sent rien*‘, so behauptete auch unser Franzose, ganz im Widerspruche mit der Bedeutung des Wortes ‚*anima*‘ –, daß die *animaux* keine Seelen hätten.“ – Fontenelle wird übrigens im Text der *Gelehrtenrepublik* als alterslüsterner „Secretaire perpetuel“ (Glr 312) erwähnt.

ganz l'Afrique Noire" (Glr 289); im *Dorf der Zauberer* ist mehrmals die Rede vom „Institut Français de l'Afrique Noire, einem völkerkundlichen Forschungsunternehmen" (DZ 15), das übrigens „IFAN" (DZ 152) abgekürzt wird, was zumindest vage an „IRAS" als Abkürzung der „International Republic for Artists and Scientists" (Glr 270) in Schmidts Roman erinnert. Von der Künstlern auf dieser schwimmenden Gelehrteninsel hat einer „sich'n fuchsroten barbe à collier stehen lassen, und sah jetzt, mit 25 Jahren schon, wie ein reifer Idiot aus!" (Glr 300); Vorlage dafür ist offensichtlich Davis' Beschreibung eines Endzwanzigers im *Dorf der Zauberer*: „Wie ein Hufeisen umrahmte der schmale französische Bart, die *barbe en collier*, sein Gesicht, das noch Apfelblütenfarben trug; denn er war erst kurze Zeit hier" (DZ 35).

Mit diesen wenigen englisch- und französischsprachigen Splittern in Schmidts Text, die sich an das *Dorf der Zauberer* rückbinden lassen, hat es keineswegs sein Bewenden; sie sind lediglich die an der Textoberfläche deutlichsten Signale für die Unterfütterung der *Gelehrtenrepublik* mit Sprach- und Handlungsdetails aus Davis' Buch, die ich im folgenden bei einem kontinuierlichen Gang durch Schmidts Text aufzeigen möchte. Das beginnt vielleicht schon, als gleich auf der ersten Seite des Stadionschen Vorworts (wie auch später im Text) der Begriff „Hexapodie" (Glr 223, 237, 253, 255) fällt; zumindest lautmalerisch läßt dieser Begriff – ebenso wie die später erwähnte „Roman=Hexalogie" (Glr 332) – daran denken, daß Davis selbst in einer Szene seines Buches „behext" (DZ 64) wird und auch sonst darin viel von Hexerei die Rede ist. Verhexung ist freilich nicht die einzige Möglichkeit, Menschen zur Erstarrung zu bringen; Winer verweist ganz zu Anfang seines Berichts auf „Menschen in Kunstharzblöcken", die dem Ziel dienen, „der Nachwelt Moden und so zu überliefern", beispielsweise „im Museum zu Detroit"

(Glr 225); mit ähnlichem Ziel ist Hassoldt Davis, während er die Völker der Elfenbeinküste bereist, unablässig auf Beutesuche für das „Amerikanisches Museum für Naturgeschichte“ und überlegt sich stets gut, „was die Völkerkundeabteilung am dringendsten brauchte“ (DZ 147). Die Chancen dazu, etwas Neues aufzutreiben, stehen für Davis nicht schlecht, weil er und seine Frau mit „Empfehlungsschreiben“ versehen sind, die „tiefsten Eindruck“ hinterlassen (DZ 14); in ähnlich privilegierter Lage befindet sich Winer, der „der Erste“ ist, „der seit 11 Jahren die Durchreiseerlaubnis erhalten hatte“ (Glr 225) und zudem eine „achtfach (also von sämtlichen Weltmächten) gestempelte Erlaubnis zum Besuch der Gelehrtenrepublik“ (Glr 226) vorzuweisen hat. Vor seinem Eintritt in den Hominidenstreifen erfährt Winer einiges über die Beschaffenheit der Grenzmauer, beispielsweise daß die Wachposten „per Roller wie auf ’ner Straße darauf verkehren“ können (Glr 228); passend dazu hat Hassoldt Davis bei seiner Expedition zwei Motorroller dabei (DZ 7, 21 u.ö.). Winer ist Kriegsveteran, er hat „den Krieg in Europa mitgemacht“, nämlich „1990, als Zwölfjährige[r]“ (Glr 228); auch von Davis erfahren wir, daß er „schließlich ein paar Jahre Krieg“ (DZ 67) hinter sich hat, er erinnert sich an den „Januar 1942, als ich einer der Freien Französischen Nachschuboffiziere in Brazzaville am Kongo war“ (DZ 67), und verweist darauf, daß er kurz vor Beginn seiner im *Dorf der Zauberer* geschilderten Expedition „fünf Kriegsjahre im französischen Heer mitgekämpft“ (DZ 92) hat.

Der Hominidenstreifen ist – wie überhaupt die ganze neusortierte Welt in Schmidt *Gelehrtenrepublik* – Produkt atomarer Katastrophen, immerhin gibt es aber „keine Reaktoren im Streifen; keine Kraftwerke, keine Maschinen, nichts: also auch keinerlei Atommüll“ (Glr 230); vergleichbar damit ist der afrikanische Schauplatz des *Dorfs der Zauberer* von der Atomenergie einerseits noch unbeleckt, andererseits aber doch schon bedroht, denn in Davis' Buch lesen wir:

> Tief unter uns in den Feldern weideten langgehörnte Rinder; und oberhalb, gegen Norden zu, ragte feierlich ein Hügelklotz, einst der Golfplatz der Gouverneure, zur Zeit bekannt als *La Bombe*; denn dort trieben geheimnisvoll und in völliger Isolation mitsamt ihren Familien diverse junge Weiße ihr Unwesen, atomaren Mysterien ergeben, wie man annahm.
>
> Das war nun allerdings die neueste und schrecklichste Magie der Elfenbeinküste, die jedoch bald offenkundig genug werden würde. (DZ 192 f.)

Die unmittelbaren Gefahren, denen das Ehepaar Davis vor Ort ausgesetzt sind, sind freilich ganz anderer Natur und bestehen vor allem darin, von den Einheimischen, die um die Auskundschaftung ihres geheimen Wissens fürchten, in die Irre gewiesen zu werden. In einer Szene weisen die Leute, die sie nach dem Zaubererdorf fragen, in fast alle Himmelsrichtungen, und Davis ist zu seinem Leidwesen „nicht findig genug", sich „die Richtung zu merken, in die unsere Freunde *nicht* gezeigt hatten: [...] unsere Augen waren natürlich von einem Zeigefinger zum anderen geirrt und hatten nicht daran gedacht, die Richtungen nach hinten zu verlängern; was dann wahrscheinlich pfeilgerade die Ecke gewesen wäre, wohin uns die Eingeborenen nicht haben wollten." (DZ 31) Analog dazu muß Winer sich von Bancroft, seinem einzigen wirklichen Freund unter den Wachsoldaten, sagen lassen, daß auch er sein Ziel nur findet, indem er die vorgegebenen Richtungen umkehrt, denn „Ihr Kompaß ist ja umgepolt!: Die Nadel zeigt nach Süden und nicht nach Norden!" (Glr 231) Um dennoch eine Chance zu haben, den Hominidenstreifen zu überleben, bekommt Winer einen „Elektrostab" mit: „bloß das Knöpfchen drücken, und leicht mit der Spitze antippen; da schmeißt's den strammsten Zentie mitsamt Vollbart!" (Glr 232) Auch zu Davis' Urwaldgepäck gehört ein „Ochsenstichel, elektrisch zu laden" (DZ 26).

Bancroft stellt sich bei der Erteilung seiner guten Ratschläge an Winer sehr geschickt an, um zu verhindern, daß die Behörden ihm auf die Schliche kommen, wenn „sie ihn jetzt in Hypnose aushorchten (wie es bei uns ja wegen jedem Dreck üblich geworden war)" (Glr 234); dieser Gefahr sähe er sich wohl auch an der Elfenbeinküste ausgesetzt, denn im *Dorf der Zauberer* ist mehrfach von „Hypnose" und „Suggestion" (DZ 130) die Rede, wobei Hassoldt Davis bekräftigt, daß derlei kein Hokuspokus sei: „Hypnose ist nichts weniger als mysteriös, wie jeder einigermaßen geschulte Arzt bestätigen wird." (DZ 252) Hinzu kommt, daß die Krankenstationen der Schlafkranken „*hypnoseries*" (DZ 252) genannt werden; diese Krankenstationen tauchen im *Dorf der Zauberer* ebenso häufig auf wie der Verweis auf Hypnose in der *Gelehrtenrepublik.*

Als Winer im Hominidenstreifen die Zentaurin Thalja trifft, fallen ihm an ihr sehr schnell „Elfenbeinerne Schultern" (Glr 235) auf, was als subtiler Hinweis auf die Elfenbeinküste durchaus angebracht ist; gleich darauf steht er staunend „wie verhext" (Glr 235), es ergeht ihm also wie Hassoldt Davis im Busch. Als äußeres Zeichen dieser Verhexung bekommt er eine Erektion, und zwar „vom Ansehen ihrer birnigen Brust" (Glr 235). Einige Seiten später bestätigt Winer, Thaljas Brüste seien auch beim Anfassen „enorm fest; wie weißlederne Birnen" (Glr 238), und durch diese Wiederholung wird der Anspielungscharakter noch deutlicher. Im *Dorf der Zauberer* hat Schmidt nämlich lesen können: „afrikanische Brüste sind in der Jugend spitz und birnenförmig; im Alter (das heißt zur Zeit der Mutterschaft, also um die sechzehn) flach, hängend, schlapp“ (DZ 117)[60]; auch dieser letztgenannte Aspekt der rasch nachlassenden Festigkeit hallt in der *Gelehrtenrepublik* nach, als Winer nämlich, nachdem er weitere Zentaurinnen kennenlernt, bemerkt: „die hielten sich beim Galoppieren die größeren Brüste gern mit beiden Händen, die Älteren.“ (Glr 245)

Gemeinsam mit Thalja gelangt Winer „über eine weite Lichtung, auf der Mimosensträucher[61] standen: als wir uns dann, schon wieder unter einem Paar spindelbeiniger Bäume, umsahen, konnten wir am endlosen Kielwasser noch immer eingeknickter Fiederblättchen genau unsern Weg erkennen.“ (Glr 236) Diese Passage erinnert an eine Stelle im *Dorf der Zauberer*, die beschreibt, wie ein gewisser Pater Daridon auf die Jagd geht: „Gedankenvoll schritt er fürbaß immer den geknickten Zweigen seines Boys nach und dem Gepfeife des Wu-wu-ah. Bis die geknickten Zweige allmählich rarer wurden und dann auf einmal ganz aufhörten!“ (DZ 217) Winer und Thalja treffen gleich darauf auf die berüchtigten „Never=nevers“: „das waren Riesenspinnen!“ (Glr 237); auch im *Dorf der Zauberer* gibt es eine Szene mit einer (freilich harmlosen)

---

60 Zum Aspekt der ‚birnenförmigen Brüste‘ vgl. auch Arno Schmidt, *Julia, oder die Gemälde*, Bargfelder Ausgabe, Bd. IV/4 (Zürich: Haffmans 1992), S. 26: „in den ›Weißen Göttern‹ schreiten sie Alle mit ›birnenförmigen Brüsten‹“. Schmidt erwarb sein Exemplar von Eduard Stuckens Konquistadorenroman *Die weißen Götter* am 24. April 1957, also während der Arbeit an der Davis-Übersetzung; vgl. Gätjens / Jürgensmeier (Hg.): *Die Bibliothek Arno Schmidts, a.a.*O., Nr. 425.5 (dort ist nur das Erwerbsjahr angegeben; das genaue Datum habe ich anläßlich eines Besuchs in Bargfeld einschlägigen Unterlagen der Schmidt-Stiftung entnehmen können).

61 Im *Meyer*-Artikel „Prärien“ steht unmittelbar vor der von Schmidt benutzten Aufzählung „Pappeln, Weiden, Ulmen, *Celtis*-Arten“ der Satz: „In Arizona, New Mexico und Texas finden sich die typischen Formen der Mezquitesträucher (die Mimoseen *Prosopis glandulosa, pubescens* u. a.).“ (Artikel „Prärien“, a.a.O., S. 265.)

„Riesenspinne“ (DZ 161). Daß die „Never=nevers“ keineswegs harmlos sind, wird aus ihrer Beschreibung ersichtlich: „An zwei Vorderfüßen Giftklauen; und so stark war die Doppelladung, daß zwei genügten, um den stärksten Zentauren zu betäuben. Viere töteten!“ (Glr 237) Die „Giftklauen“ erinnern an ein gruseliges Detail im *Dorf der Zauberer*, nämlich die „Krallen der Leopardengesellschaft“ (DZ 204) beziehungsweise der damit verwandten „Paviangesellschaft“, deren maskierte Mitglieder „Eiserne Klauen“ dazu benutzen, ihren Opfern bei lebendigem Leib den Brustkorb aufzureißen und der „Herzfresserei“ zu frönen (DZ 226). Die Ähnlichkeit wird an späterer Stelle der *Gelehrtenrepublik* noch deutlicher, wo Winer die „Never=nevers“ als „Skorpionmenschen“ beschreibt: „An den Vorderstelzen die Giftklauen, fingerlang und gebogen wie Bussardschnäbel“ (Glr 244). Nachdem Thalja und Winer ein Opfer dieser Bestien gefunden haben, holt die Zentaurin Verstärkung; bevor Winer diese Verstärkung hören oder sehen kann, spürt er sie bereits infolge der Bodenerschütterung: „*Da! Zitterte es nicht? Der Boden?!* Ganz leise? – Ich machte mich möglichst locker, unverkrampft –: – und spürte nun deutlich ein Vibrieren“ (Glr 241); Vorlage dazu ist eine Szene im *Dorf der Zauberer*, in der Davis’ Begleiter N’dri einen sich nähernden Laster „fühlen“ kann, was schließlich auch Davis selbst gelingt: „Ich aber, unvoreingenommenen Geistes selbst den widersinnigsten Behauptungen der Eingeborenen gegenüber, entspannte den Körper so, daß ich mich an die Wand lehnen mußte, und jetzt fühlte auch ich den Lkw!“ (DZ 133) Dieser „Lkw“ braust unmittelbar in den Text der *Gelehrtenrepublik* hinüber: „Und da kam es heran gedonnert, wie eine Lasterkolonne!!: Zweihundert Zentauren mit Hufen aus Gußstahl!. [...] Ich hatte so begeistert mit dem Sombrero gefuchtelt, daß ich ihn jetzt beschämt runter nahm“ (Glr 241). Hier blendet Schmidt zusätzlich eine andere Episode hinzu, die im *Dorf der Zauberer* unmittelbar zuvor geschildert wurde, nämlich die Begegnung mit einer Antilopenherde: „schon kam die Phalanx heran [...] Einmal trat eine dramatische Wendung ein, als eine meinen Hut, den ich schwenkte wie ein Torero sein Tuch, auf die äußerste Hornspitze aufspießte und triumphierend abging“ (DZ 132 f.; vgl. auch Glr 240: „in zehn Minuten tust Du Deinen Hut auf die Speerspitze und hältst ihn so hoch Du kannst“).[62] Um die Riesenspinnen aus ihrem Kakteendickicht zu locken, wollen die Zentauren „Feuer reiben, das dauerte ungefähr ’ne Stunde“ (Glr 242); „wenn man also zwei Hölzer aneinander reibt, wird [der schlafende Feuerstoff] davon wach“ (DZ 238), weiß Schmidt aus dem *Dorf der Zauberer*.

Die „Pfeife“ des Zentaurenhäuptlings erinnert Winer an den „Rattenfänger von Hameln“ (Glr 245), der auch im *Dorf der Zauberer* einmal als Assoziation herhalten muß (DZ 46: „ein kleines hölzernes Männchen [...] wippte munter und tanzte mit den Fäden, einem Rattenfänger von Hameln vergleichbar“). Entweder die obszöne „Pfeife“ oder der „Rattenfänger“ ruft sogleich eine sehr erotische Zentaurendame auf den Plan: „*Da: eine Zebroidin!:* ein schwarzer Streifen teilte ihr dünnes freches Gesicht in der Mitte, von der Stirn bis herab zum Kehlkopf; (dann ging er aber schräg nach rechts: eine Brust weiß, die andere kohlschwarz: Mensch, sah das schick aus!“ (Glr 245) Auch für dieses ‚schicke‘ Muster gibt es eine Vorlage im *Dorf der Zauberer*; als er Tänzer beobachtet, bemerkt Hassoldt Davis: „Mehrere hatten ihre Schwärze noch dadurch erhöht, daß sie sich die eine Backe kohlschwarz, die andere schneeweiß gestrichen hatten, ein offenkundiges Plagiat an moderner Malerei.“ (DZ 181) Winer fällt

---

[62] Hinweis auf die Parallelität dieser Szenen zuerst bei: Barczaitis, „Kein gut Wort?“, a.a.O., S. 318 f.

ausgerechnet beim Betrachten der Zebroidin ein, daß er einem gewissen Pluvus Post zu übergeben hat, er muß sich aber sagen lassen, daß dieser ein gefährlicher Gewaltverbrecher sei, und bemerkt wieder einmal, daß er in eine Falle gelockt werden sollte, in die zu tappen er freilich nicht gewillt ist: „Nee, mein Herr Oberst! Nich ich!“ (Glr 246) Als mögliche Keimzelle zu diesem „Nich ich“ findet sich bei Hassoldt Davis ein „Not I“ (SV 89), das Schmidt freilich als „Aber ohne mich!“ (DZ 89) übersetzt; und auch die gleich sich anschließende Erwähnung von „Sisalhanf“ (Glr 246) als Rohstoff ist mit dem *Dorf der Zauberer* verstrickt, dessen Autor sich einmal an eine „Sisalplantage in Tanganjika“ (DZ 250) erinnert.

Unter den Zentauren des Hominidenstreifens sind exotische Initiationsriten üblich, „die Jungen“ bekommen „grundsätzlich als Vollmondsfest“ ein „Nickelzängelchen“ von den „Förstern“, und „jedesmal unmittelbar danach“ treten „zahlreiche Todesfälle“ auf (Glr 247); dies erinnert ein wenig an die diversen Beschneidungsriten Afrikas, bei deren Erwähnung Hassoldt Davis stets darauf hinweist, daß die Verwendung verschmutzter Messer erschreckend viele junge Frauen das Leben kostet (DZ 43, 126, 256). Ebenso lassen die in der *Gelehrtenrepublik* gegebenen Beispiele dafür, wie „verantwortungslos“ die „Förster“ mit einem Kofferradio oder auch Winer selbst mit seiner „Zauberflasche“ unter den solcher Hilfsmittel unkundigen Zentauren „einen Mythos machen“ (Glr 248), an ähnliche Vorfälle im *Dorf der Zauberer* denken, so an einen Meteoreinschlag, dessen Umfunktionierung zu einem Mythos aus Juxgründen unwidersprochen bleibt (DZ 148: „Hier war eine hübsche Illusion geheiligt und machte jedermann Spaß“[63]), oder an Davis’ Selbstinszenierung

[63] Vgl. auch Glr 248, wo Winer wider besseres Wissen auf die Aufklärung der Zentauren über ein Naturphänomen verzichtet, allerdings

„als Amateurzauberer, der Wunder tun konnte“ (DZ 236). Eines der „Wunder“, die er tut, besteht darin, daß er einem alternden, von seinen Frauen überforderten Häuptling ein „Aphrodisiakum“ (DZ 270) anmischt und mit den Worten „Sei tapfer, Bloa-ye-i, du junger Elefant“ (DZ 272) auch verabreicht, und zwar zumindest kurzfristig mit Erfolg; in der *Gelehrtenrepublik* hingegen stehen solche Künste nur dem Naturvolk der Zentauren zur Verfügung, wie die von Thalja zum gleichen Zweck an Winer vorgenommene Prozedur (Glr 252) hinlänglich zeigt.

Die letzte Mutationsform, die Winer während der Durchquerung des Hominidenstreifens kennenlernt, sind die „Fliegenden Masken“: „Lautlosgroße Falterschwingen. An den äußersten Spitzen einkrallige Haken (zum Einhängen an dünnen Ästen? Nachts, zum Schlafen?)“ (Glr 253) – auch diese Beschreibung erinnert ein wenig an die „Krallen der Leopardengesellschaft“ (DZ 204) im *Dorf der Zauberer*, zumal die Schmetterlingswesen nach Thaljas Beschreibung ja nicht ganz so harmlos sein sollen, wie Winer meint: „sie saugten angeblich Frauen die Milchen aus, die Fliegenden Köpfe! Knaben den ersten Samen (während des Schlafs).“ (Glr 254) Daß diese Wesen durchgängig als „Masken“ bezeichnet werden (vgl. Glr 253: „die italienisch=gelbe Maske“, Glr 261 u.ö.: „Fliegende Masken“), schlägt jedoch auf andere Weise einen Bogen zum *Dorf der Zauberer*, denn dort ist häufig von „Masken“ die Rede, die bei Tänzen und zu kultischen Zwecken verwendet werden; von diesen Masken heißt es wiederholt, wie seien imstande, jede Frau, die ihrer ansichtig werde, „unfruchtbar zu machen“ (DZ 78), was

---

mit einer etwas anderen Ausrede als Hassoldt Davis: „Und ich sparte mir folglich die Schritte; denn ich hätte ja in solchem Fall nicht als tapfer gegolten, sondern lediglich als verrucht=vertraut mit jener Beelzebüberei. / Also Irrlichter natürlich.“

Ruth Davis jedoch ebensowenig wie ihren Mann davon abhält, nach künstlerisch besonders gelungenen Exemplaren zu suchen (vgl. DZ 225: „Feine Maske [...] Die wird dem Museum gefallen“).

Als Winer den Hominidenstreifen durchquert hat und die Wallstation erreicht, kann er dummerweise sein Mundwerk nicht halten: „»Was?: Sie haben einen zebroiden Mischling gesehen?: Aber der muß doch sofort weg!“. (Notierte mit fliegender Hand: Menschsollichdennda .....: am Tod des Prachtstückes schuld werden?! [...])“ (Glr 256) Das schlechte Gewissen, das sich hier (leider nur kurzfristig) bei Winer meldet, hat er mit Hassoldt Davis gemein, der zwar bei „mehrere[n] Todesfälle[n] während der Expedition [...] unbeteiligt“ bleibt (DZ 151), sich aber „indirekt verantwortlich“ (DZ 268) fühlt für den Tod seines Freundes Khalil Sabeh, der ermordet wird, weil Davis angekündigt hat, mit ihm eine Expedition zum Elefantenfriedhof unternehmen zu wollen. Für Davis bedeutet „der Tod Khalil Sabehs [...] den Zusammenbruch Afrikas“ (DZ 268), er ist von seiner schwül-erotischen Schwärmerei für den afrikanischen Urwald bis auf weiteres kuriert und zieht damit sehr viel drastischere Konsequenzen als Winer, der bekanntlich am Ende der *Gelehrtenrepublik* immer noch von seinen erotischen Abenteuern im Hominidenstreifen träumt. Daß er dies so unbeschwert tut, hat sicherlich auch damit zu tun, daß nach Auskunft der „Förster“ „*Menschen*männchen & Zentauren*weibchen* [...] zusammen unfruchtbar“ sind (Glr 256 f.), der Verkehr mit einem Menschenmann auf eine Zentaurenfrau also eine ähnliche Wirkung tut wie das Betrachten einer kultischen Maske den von Hassoldt Davis verzeichneten Überzeugungen der Afrikaner zufolge auf eine Bewohnerin der Elfenbeinküste.

„*Ja die Volkskundler* haben natürlich ein reiches Arbeitsfeld“, wird Winer an der Wallstation versichert: „Die freuen sich ja diebisch, wenn sie wieder einen neuen Brauch registrieren können: *ist* ja auch intressant!“ (Glr 257) Das entspricht dem erklärten Ziel Davis’ bei seiner Expedition an der Elfenbeinküste, „die Bräuche der primitiven Bevölkerung festzuhalten“ (DZ 18) Als Beispiel für die zu studierenden Gebräuche unter den Zentauren wird Winer erläutert, „daß sich alte und kranke Stücke zum Sterben an ganz bestimmte Stellen zurückziehen [...], wo schon veritable Knochenfelder entstanden sind“, die sogenannten „Zentiefriedhöfe“ (Glr 257). Die Entsprechung dazu im *Dorf der Zauberer* ist der sagenhafte „Elefantenkirchhof“ (DZ 155) respektive „Elefantenfriedhof“ (DZ 156), zu dem Davis mit dem (deswegen ermordeten) Khalil Sabeh vordringen will; allerdings soll sich dieser Elefantenfriedhof auf einem Berg und nicht – wie der ‚Zentiefriedhof‘ – in einem Tal befinden. Im Zusammenhang mit den Bestattungsritualen fragt Winer nach der „Religion der Zentauren“ und erfährt: „Sie haben keine. Außer dem, in der historischen Entwicklung unvermeidlich auftretenden Animismus.“ (Glr 258) Als eine „Kombination aus Animismus und Fetischismus“ (DZ 78) bezeichnet auch Hassoldt Davis die Glaubensvorstellungen in den von ihm bereisten Landstrichen, nennt sie gar ein „animistisches und fetischistisches Sammelsurium“ (DZ 107), in dem er freilich auch etwas Gutes zu erkennen vermag: „Die Eingeborenen hatten, abgesehen vom Islam, keine Erfahrungen mit Heidenbekehrern, denn ihre eigenen Stämme lebten durchaus abgesondert; jeder hatte seinen Animismus, seine eigene recht verschiedenartige Theologie für sich; und jeder ließ also den anderen bei seinem Glauben – was ein Zeichen von guter Erziehung ist.“ (DZ 97)

Überhaupt zeigt Hassoldt Davis gelegentlich, daß es ihm – zumindest theoretisch – leid tut um jede nichteuropäische (und sogar jede nichtmenschliche) Kultur, die den Einflüssen von außen nicht standzuhalten vermag und deshalb dem Untergang geweiht ist. Anläßlich der Zerstörung eines Termitenhaufens durch ihn selbst und seine Gefährten meint er gar, „Angst“ in den Bewegungen der Termiten ausmachen zu können, und resümiert: „Es war eine Großkatastrophe, und Furcht überkam mich, als mir langsam klar wurde, daß hier eine Welt unterging, vergleichbar und gleichberechtigt der unsrigen, und daß wir die bösen Männer waren von einem anderen Planeten, die Unheil bringen und Zerstörung“ (DZ 183) – eine Empfindung von so globaler Angemessenheit, daß sie notfalls auch mit dem Weltuntergangsszenario der *Gelehrtenrepublik* und anderer Schmidtscher Endzeittexte zu koppeln wäre. Aber die entsprechende Szene in Davis’ Buch erlaubt noch einen konkreteren Brückenschlag zu Schmidts Text. Die Termitenkönigin wird folgendermaßen beschrieben: „da lag sie, pulsierend, fünfundzwanzig Zentimeter lang, [...] ein Klumpen von einer Königin, ekel weiß mit ganz wenigen bräunlichen Flecken. Sie war wie ein gesteppter milchgefüllter Luftballon.“ (DZ 183) Diese Termitenkönigin könnte durchaus die Vorlage sein für die Larve der „Fliegenden Masken“, wie sie in der *Gelehrtenrepublik* beschrieben wird: „Länge und Dicke wie’ne gute Gurke. Totweiß: [...] Nur an den Tracheenmündungen dunkelgefleckt. Mit bleichem Embryonengesicht; eine durchscheinende Haut überzog die Augäpfel: übler Sauger!“ (Glr 261) Zudem verfügen die schmetterlingsartigen Wesen, die aus diesen Larven schlüpfen, einer anderen Textstelle zufolge über „Ballonleiber“ (Glr 243; vgl. Glr 253: „das luftballonleichte Rund“), die von eifersüchtigen Zentaurinnen dann auch schon einmal wie Luftballons zum Platzen gebracht werden. Als die eigentlichen ‚bösen‘ Geschöpfe im Hominidenstreifen gelten aber doch die „Never=nevers“, die sowohl die Zentauren als auch die „Förster“ gern ausrotten würden, wenn sie „nur das

Zauberwort wüßten“ (Glr 262); in der Tat sind Zauberkünste ist Schmidts *Gelehrtenrepublik* kaum weniger gefragt als in Davis’ *Dorf der Zauberer*: Winer trägt eine „Zauberflasche“ (Glr 248) bei sich, in der Inselbibliothek befinden sich „mittelalterliche Drucke [...] mit Zauberzeichen und solchen Sachen“, auf die manch einer starrt „wie hypnotisiert“ (Glr 296), und auch ein anderes Buch, nämlich „der Happel“, wirkt „like magic“ (Glr 298).

Wichtiger als alle Zauberkunst ist für Winer aber wohl doch die allgemeine Vorsicht; Vorsorge trifft er beispielsweise für den Fall, daß „die mir wieder n Schuß Eisenhut in’Kaffee praktiziert hatten“ (Glr 269), und gut daran tut er zumindest dann, wenn in der *Gelehrtenrepublik* wie im *Dorf der Zauberer* gilt, „Eisen war böse“ (DZ 238) und „die Berührung mit Eisen den Zeugungsorganen tödlich“ (DZ 256). Freilich ist die komplette Künstlerinsel, auf die Winer reist, eine einzige „Eisenfront“, „iron=bound“ (Glr 278), mit einem „Eisenmeer“ (Glr 306) als Inselboden, weswegen das böse Ende praktisch schon vorprogrammiert ist. Zunächst einmal bemüht sich Winer jedoch, die Insel positiv zu sehen; die „International Republic for Artists and Scientists“ (Glr 270) übt auf ihn einen ebensolchen Reiz aus wie auf Hassoldt Davis das von ihm gesuchte Zaubererdorf, das sich ebenfalls als multinationales Zentrum herausstellt: „das Zaubererseminar war durchaus international. Im heiligen Wald lebten einträchtig Toma aus Guinea und Aschanti von der Goldküste beisammen.“ (DZ 229)

Bevor Winer auf das Künstlereiland übersetzt, muß er sich „Spinalflüssigkeit zur Liquordiagnostik“ (Glr 273) entnehmen lassen; im *Dorf der Zauberer* erfolgt bei einem Patienten in der „*hypnoserie*“ ein „Einstich ins Rückenmark für die Liquordiagnostik“, der „natürlich schmerzhaft“ ist (DZ 130). Als Winer dann auf die Insel übergesetzt wird, spürt er „in der Handhöhlung eine Warze aus

Eisen“ (Glr 275), wobei nach Lektüre des *Dorfs der Zauberer* nicht nur das „Eisen“ unheilschwanger sein muß, sondern auch die „Warze“; an einer solchen erkennt der todgeweihte „König des Goldenen Waldes“ nämlich im Kampf den maskierten „Pavianmann“, der auf grausige Weise ein Kind getötet hat (DZ 247). Aber es gibt auch weniger verfängliche Ähnlichkeiten zwischen dem Künstlereiland und dem Zaubererdorf Yho im Busch: „Die Amerikaner hatten eine reizende kleine Stadt (allerdings mit dem verwünschten Schachbrettstraßenmuster!) für die Künstler aufgebaut“ (Glr 285), lesen wir in der *Gelehrtenrepublik* und kommen nicht umhin, das als Reflex auf „das Schachbrettmuster von Licht und Schatten“ zu begreifen, „das man das Dorf Yho nannte“ (DZ 233). Zu den Bewohnern der Künstlerinsel gehört „1 Franzose aus Abidjan“ (DZ 288), also ausgerechnet aus jener Hafenstadt der Elfenbeinküste, von der aus Hassoldt Davis zu seiner Expedition aufbricht. Winer bekommt auf der Insel eine Handschrift seines berühmten deutschen Vorfahren vorgelegt, kann aber „die Keilschriftkrakeleien des Alten“ (Glr 299) nicht entziffern; im *Dorf der Zauberer* führt des Autors Frau „Ruth ihr Tagebuch [...] in spitzer deutscher Fraktur oder in Keilschrift, was sehr hübsch aussieht“ (DZ 81). Die „Artikelserien“ (Glr 299) über seine Erlebnisse auf der Insel, die Winer und auch sein Übersetzer mehrmals erwähnen, finden ihre Entsprechung darin, daß Hassoldt Davis in seinem Buch häufiger auf „unsere[n] Film von dieser Expedition“ (DZ 172) hinweist. Daß Berta Sutton, eine der ganz wenigen ernstzunehmenden unter den Künstlern, die Winer auf der Insel kennenlernt, , um den Hals einen „Elfenbeinreif“ (Glr 300, 302) trägt, dürfte wiederum ein Hinweis auf den Schauplatz von Davis’ Expedition sein.

Als Winer sich mit einer indischen „Stenotypistin“ amüsiert, bemerkt er ein „*zartes helles Kollern* [...] unter ihrem Brustbein: sie hatte zu viel sattapadavitihárena gegessen: das klang fremd und gandharamäßig, wie dunkelgrüne weiche Stengel, monsunige Salate, indusabwärts, Stromfahrt Iskanders, ‹sattapadavitihárena›: sehr gut!“; Übersetzer Stadion erläutert in einer Fußnote: „Pali: Quark“ (Glr 303). Diese Passage, in der ein wohlklingendes exotisches Wort sich als Bezeichnung für etwas sehr Profanes entpuppt, funktioniert ähnlich wie eine Szene im *Dorf der Zauberer*, in der die Bewohner eines Dorfes die flammende Rede eines kommunistischen Agitators mit den vermeintlich begeisterten Ausrufen „Yo!“ und „Tschatschua!“ begleiten, wobei gleich darauf eine Bemerkung des Häuptlings den wahren Sachverhalt enthüllt: „Vorsicht, Herr Kommunistenzunge: treten Sie nicht in die *Yo-tschatschua!*“ (DZ 72)[64] Etwas später im Text bezeichnet Winer die Bewohner des Künstlereilands ironisch als „die Weißen Götter“ (Glr 309); dies ist sicherlich eine Anspielung auf Eduard Stuckens Roman *Die Weißen Götter*, den Schmidt kurz vor Niederschrift der *Gelehrtenrepublik* (während seiner Arbeit an der Davis-Übersetzung) erwarb[65] und für ein „schöne[s] Stück“ hielt, „obwohl freilich der Eros der Ferne und der

---

[64] Aus meiner persönlichen Erinnerung kann ich bezeugen, daß dieses Detail aus Schmidts Davis-Übersetzung dann doch Wirkung entfaltet hat. Etwa um 1970 herum las ich auf der Witzseite einer Zeitung oder Zeitschrift (es kann sich nur um die *Rotenburger Kreiszeitung*, die *Land und Garten* oder die *Land- und Forstwirtschaftliche Zeitung* gehandelt haben) eine Fassung dieser Anekdote, die in einem Indianerreservat lokalisiert war; die Warnung am Ende lautete: „Vorsicht, treten Sie nicht in die Wampuhu!“ Ich halte es für eher unwahrscheinlich, daß dieser Witz auf eine andere Quelle als Schmidts Übersetzung *Das Dorf der Zauberer* zurückgehen könnte.

[65] Vgl. oben: Anm. 60.

Exotik mächtig zum Eindruck mithilft“[66] – freilich ist in dem Begriff auch wiederum ein Querverweis auf *Das Dorf der Zauberer* enthalten, wo Davis einen ortsansässigen Weißen dafür rühmt, daß er die indigene „Kultur als solche anerkannte“ und sich „nicht effektvoll als weißer Gott“ aufführt (DZ 115).

Schließlich wird Winer mit den seltsamen medizinischen Experimenten konfrontiert, die auf dem Künstlereiland angestellt werden. Zunächst versucht ein Schachgroßmeister, der nach Jahren gerechnet eigentlich ein Greis sein müßte, aber in der Gestalt eines Jugendlichen auftritt, diesen merkwürdigen Sachverhalt als „Verjüngungskur“ (Glr 327) zu erklären, was an „die Verjüngungskur des Häuptlings“ (DZ 274) vermittels eines aphrodisischen Gebräus im *Dorf der Zauberer* anknüpft; einige Seiten später schreitet immerhin Winer selbst „zum afrodisiakisch=gebeizten Fußbad“ (Glr 335). Schließlich lernt Winer die „Versuchsanstalt für Hibernation“ kennen, in der sich absurde „Auferstehungsszenen“ abspielen (Glr 341); in Davis’ *Dorf der Zauberer* tritt einmal ein „Negerarzt Ebernian“ (DZ 178) auf, und vor allem geht es bei diversen Riten um die „Reinkarnation“ Verstorbener, die im Leib von Neugeborenen wiederauferstehen (DZ 233). Sowohl in der *Gelehrtenrepublik* als auch im *Dorf der Zauberer* handelt es sich bei diesen Methoden der teils Seelen-, teils Körper- und teils Geistwanderung um Geheimnisse, die Außenstehenden in der Regel nicht offenbart werden; auch deshalb haben es die Gelehrteninsulaner am Ende „sichtlich eilig“, Winer „aus dem Wege zu

---

[66] Arno Schmidt, „Die Meisterdiebe. Von Sinn und Wert des Plagiats“, in Bargfelder Ausgabe II/1, a.a.O., S. 333-357, hier S. 349. – Der Funkdialog entstand bereits im Februar 1957, also vor Erwerb des Stucken-Romans; ob Schmidt den Hinweis auf Stucken womöglich nachträglich einfügte oder ob er dessen Roman bereits aus früherer Lektüre kannte, habe ich bisher nicht ermitteln können.

räumen“ (Glr 348), wohingegen das beschleunigte Ende von Davis’ Aufenthalt im Zaubererdorf profanere Gründe hat – „Eile tat not, wenn wir noch filmen wollten, ehe die Regenzeit einsetzte“ (DZ 192), vermerkt der Autor. Davis schafft es immerhin noch, die feierliche Aufnahme junger Lehrlinge in den Zauberer- respektive Fetischerstand mitzuerleben, eine Gelegenheit, bei der er Vergleiche mit ähnlichen Prozeduren in Amerika anstellt: „mir wurde klar, daß das Farbgewimmel am Waldeingang etwa unseren Doktoranden zu vergleichen war, den älteren Kandidaten, die es mit der Magie ernst meinten“ (DZ 260); „*in einer feierlichen Vollsitzung,* zum ‹Doktor IRAS h.c.› ernannt“ (Glr 347) wird freilich auch Charles Henry Winer am Ende seines Aufenthalts auf der Künstlerinsel. Zuvor ist er noch „auf ein ganz schwarzes Buch vereidigt“ worden, „an das kein Mensch mehr glaubte“ (Glr 340); auch dieses Detail findet seine Entsprechung in Davis’ Expeditionsbericht, wo wir erfahren: „So wie man [...] sagen kann, die Bibel sei unser Fetisch, gleichermaßen wird auch bei Gerichtsverhandlungen der Eingeborenen ein Fetisch aus Ahnennachlässen verwendet. Kläger, Beklagter und Zeuge, alle schwören bei der Rarität, die sie verehren“ (DZ 78).

Selbst wenn zugestanden sei, daß unter den vorstehend von mir aufgelisteten Detailparallelen zwischen dem *Dorf der Zauberer* und der *Gelehrtenrepublik* die eine oder andere zufälliger Natur sein mag, deutet die Liste insgesamt doch auf eine recht weitgehende planmäßige Orientierung Schmidts an dem von ihm übersetzten „Entdeckerschinken“ hin. Welche Funktion aber hat diese Orientierung? Wie ließe sich der innere Zusammenhang beider Texte begreifen? Monika Albrecht versucht, Schmidts Text als bewußten Gegenentwurf des Davisschen zu lesen; der Expeditionsbericht *Das Dorf der Zauberer* ist für sie „ein rassistisches Machwerk übelster Sorte, das in dem Reise-

und Abenteuerschema die klischeeüberladene Weltsicht seines Verfassers transportiert“[67], Schmidts *Gelehrtenrepublik* hingegen zeichne „ein differenziertes Bild der politischen Situation der 50er Jahre, das der Darstellung des Ost-West-Konflikts als dritte Komponente den später sogenannten Nord-Süd-Konflikt hinzufügt“[68], und widerspreche dem Davisschen Rassismus, indem beispielsweise Winer die Zugehörigkeit zur angeblich überlegenen weißen Rasse „als Unbehagen“ empfinde[69]. Diese Argumentation Monika Albrechts klingt zunächst sehr avanciert und überzeugend, hat aber leider einen kleinen Haken: sie läßt sich zwar mit einigen der Textbeispiele, die Albrecht in ihrem Aufsatz anführt, recht plausibel machen, doch sobald wir die Texte in ihrer Gesamtheit und insbesondere die tatsächlichen Bezüge prüfen, die sich zwischen ihnen nachweisen lassen, bricht Albrechts Argumentation schnell in sich zusammen. Zwar bezieht sich Schmidt – wie ich vorstehend ausführlich gezeigt habe – in seiner *Gelehrtenrepublik* in der Tat vielfach auf das *Dorf der Zauberer* zurück, doch von der Etablierung einer bewußten Gegenposition ist bei diesen Rückbezügen nichts zu spüren; zwar ist es gewiß nicht falsch, im *Dorf der Zauberer* einen rassistischen Blick des Verfassers auf die von ihm bereiste und beschriebene Welt wahrzunehmen, doch der Vorwurf, es handele sich um ein „rassistisches Machwerk übelster Sorte“, geht zu weit und beraubt uns gerade jenes Nuancierungsvermögens, dessen eine Beurteilung dieses Falles dringend bedarf; zwar ist Winer und ist auch sein Autor Arno Schmidt mit der Beschaffenheit der Welt, wie sie in der *Gelehrtenrepublik* geschildert wird, in der Tat nicht einverstanden, doch ist durchaus fraglich, ob

---

67 Albrecht, „‚Mir war nie wohl in meiner rosa Haut'“, a.a.O., S. 60.
68 Ebd., S. 71.
69 Ebd., S. 70.

sich die Kritik Winers und Schmidts primär gegen Kolonialismus und Rassismus richten.

Versuchen wir zunächst einzuschätzen, welche Qualität der dem Buch von Hassoldt Davis zugrundeliegende Rassismus tatsächlich hat. Monika Albrecht verzerrt den Befund, indem sie nur einige eher untypische Textpassagen zitiert – vor allem die Passage „Im Grunde ist es ja der Eingeborene, der den weißen Kolonisten ausnutzt [...]“ (DZ 201)[70] – und so tut, als entsprächen sie dem Ton des Buches insgesamt. Getrieben wird Davis von – relativ offen ausgesprochenen – exotisch-erotischen Sehnsüchten; er stellt einer „dunklen, heißen, bezaubernden Welt“ mit einem Gefühl nach, das er offen als „Liebe“ bezeichnet: der finstere afrikanische Urwald ist „die Frau, die ich ganz vorbehaltlos liebe“ (DZ 50). An den Bewohnern der Elfenbeinküste ist er interessiert, weil „die Ursprünglichkeit ihrer Bräuche mich frappierte“ (DZ 14); seine „einzige Absicht hier ist – sei es auf Film oder Tonband oder Notizpapier –, die Bräuche der primitiven Bevölkerung festzuhalten, ehe sie mit der Entwicklung im Lande ganz verschwunden sind“ (DZ 18). Als ein Pater ihm versichert, es gebe „nur zwei Arten glücklicher Eingeborener hier“, nämlich einmal die missionierten „und dann die ganz unverbildeten tief im Busch drinnen. Die Zwischenstationen stellen die Unruhestifter“ (DZ 176 f.), stimmt Davis dem ausdrücklich zu: „Die Leute waren reinrassiger und glücklicher als die im Osten“ (DZ 178). Davis schwärmt für sogenannte Naturvölker und zeigt den Afrikanern (zu deren Belustigung) sogar Fotos von Indianern, um ihnen „den Grund unseres Besuches“ plausibel zu machen: „sie zu filmen, über sie zu schreiben, ihre augenblicklichen Sitten und Gebräuche – wie es auch mit unseren geschah – für die Nachwelt festzuhalten, vorausgesetzt,

---

70 Vgl. ebd., S. 60, Fußnote 138.

daß auf diese schlimme Welt überhaupt eine Nachwelt folgen würde.“ (DZ 122) „Masken und primitive Haushaltsgegenstände interessieren mich am meisten“ (DZ 181), erläutert Davis, der an „sogenannten ‚entwickelten‘ Eingeborenen“ und erst recht an deren „sozialistisch angehauchten politischen Ambitionen“ (DZ 12) weit weniger interessiert ist. Als Anhänger des ‚Ursprünglichen‘ gibt Davis sich kulturkritisch; „In Afrika sind die Künste im Niedergang begriffen“ (DZ 187), befindet er, „die westafrikanische Kunst“ sei „degeneriert und einfallslos, ebenso wie die der heutigen Indianer Süd-, Mittel- und Nordamerikas“ (DZ 240) – dies ist keineswegs die Einstellung eines Eroberers mit Herrenmenschenattitüde, der keine Kultur außer der eigenen gelten läßt, sondern im Gegenteil die (freilich durchaus herablassende) Attitüde eines Ethnologen, der die von ihm ‚entdeckte‘ Welt möglichst museal konservieren möchte. Wenn Hassoldt Davis anläßlich afrikanischer Festbräuche jammert, er habe „nicht ein einziges der Aufnahme wertes Motiv gehört“ (DZ 69)[71], so ist dies keine Kritik der nativen Volkskultur, sondern eine Klage über deren schwindende Ursprünglichkeit.

Hassoldt Davis begreift sich als „Völkerkundler“ (DZ 14); seinen afrikanischen Begleiter N'dri schätzt er nicht nur, weil er ihm als Dolmetscher und Landeskenner zu helfen vermag und nach Kräften hilft, „das ansonsten dubiose Prestige des weißen Mannes aufrechtzuerhalten“ (DZ 21), sondern auch, weil er „einen guten Ethnologen abgegeben“ hätte: „er war neugierig; er hatte das inquisitive Gemüt des *voyeur*, das sich gleichermaßen gut für Ethnologie wie für Psychoanalyse eignet.“ (DZ 122 f.)

---

71 Monika Albrecht führt diese und eine ähnliche Textstelle als Beispiel für den „überlegenen, besserwisserischen, kolonialen Blick“ des „weißen Reisenden“ an; vgl. ebd., S. 69, Fußnote 161.

Daß das inquisitive Treiben eines solchen „Völkerkundlers“ keineswegs unproblematisch ist, weiß Davis – zumindest theoretisch – durchaus, denn gleich zu Beginn seines Buches zitiert er den Einwand des Völkerkundlers Monsieur Gros gegen allzu hemmungsloses Auftreten: „Sehen Sie, Völkerkunde ist wichtig, zweifellos [...], nur halte ich eben [...] nichts von einer Einmischung in die intimeren Angelegenheiten, gleichgültig, um wen es dabei geht. [...] Und, seien Sie ehrlich: was für ein Schnellgericht würden Sie nicht über denjenigen abhalten, der Ihr Sexualleben studieren wollte?!“ (DZ 16) Diesem Einwand liegt die Einsicht zugrunde, daß ‚primitive‘ und entwickelte Gesellschaften nicht prinzipiell unterschiedlich betrachtet werden sollten. Auch Davis selbst stellt solche unterschiedlichen Gesellschaften gelegentlich auf eine Stufe oder vergleicht sie, etwa wenn er erläutert: „Das gesellschaftliche Leben [der Weißen] in allen tropischen Kolonien, gleichviel welcher Nationalität, ist praktisch immer das gleiche und des Studiums nicht minder wert als das der Eingeborenen – höchstens, daß es weniger ehrlich ist. Und weniger kompliziert ist es ganz bestimmt.“ (DZ 18) In die selbe Richtung geht die Beobachtung, die Frisur sei „einer Frau der Elfenbeinküste nicht minder wichtig als unseren sogenannten zivilisierten Schönen“ (DZ 41), womit implizit immerhin auch gesagt ist, daß die ‚Zivilisation‘ nur etwas ‚Sogenanntes‘ und nicht wirklich vom Leben im Busch verschieden ist.

Natürlich stellt Hassoldt Davis die europäisch-nordamerikanische und die afrikanische Kultur lediglich punktuell auf eine Stufe; eine klare Hierarchisierung liegt seinem Denken und seiner Darstellung durchaus zugrunde, gerade wenn er sich beispielsweise bequemt, Angehörige der afrikanischen Elite wie den Prinzen Quakki Addingra als „Dschungelgentleman“ (DZ 62) zu bezeichnen. Ernsthafte Zweifel an seiner eigenen Überlegenheit hat Davis nicht. Wenn der Gouverneur meint, die Afrikaner seien „wie Waisenkinder, die sich gegen die Leiter des Heimes auflehnen, das ihnen Zuflucht gewährte" (DZ 17), so entspricht das zwar nicht Davis' Position, doch auch er behandelt sie implizit wie Kinder. Nachdem sein Freund Khalil Sabeh ermordet worden ist, meint Davis erkennen zu müssen, „daß der Eingeborene [...] mitnichten bloß das unmündige Kind war, dem man eine Missetat verzeihen kann, sondern ebenso erwachsen und bösartig wie wir alle" (DZ 268), womit die zwei Rollen, die die Afrikaner für ihn spielen dürfen, recht unverblümt benannt wären – zum einen machen sie ihm Angst, und zwar auf eine Weise, die von Faszination (und, wie andere Passagen des Buches zeigen, auch von einer erotischen Unterströmung) nicht ganz frei ist; zum anderen fühlt er sich ihnen auf väterlich-herablassende Weise zugeneigt. Diese zwiefältige Einstellung läßt sich durchaus als rassistische bezeichnen; ein Rassismus „übelster Sorte", wie Monika Albrecht meint, ist es jedoch nicht, sondern eher ein ‚wohlmeinender' Rassismus ‚in bester Absicht', zudem ein Rassismus mit schlechtem Gewissen. „Hatte ich ein Recht dazu, dergleichen Experimente anzustellen?" (DZ 272) fragt Hassoldt Davis sich, als er dem alten Häuptling mit einem nie erprobten Gebräu seine Liebeskraft wiederzubeleben versucht; und das schlechte Gewissen äußert sich auch in der Erkenntnis, „Daß man erst noch Schwarzafrika rasch durch ein IFAN konservieren läßt – ehe solche Opportunisten [...] darangehen, seine wertvolle Kultur zu zerstören" (DZ 152). Hassoldt Davis hilft zerstören, indem er konservieren hilft.

Was aber hält Arno Schmidt von alledem? „Ich stehe nicht an, auch diese Stelle wortgetreu zu übertragen", beteuert Chr. M. Stadion, als ihm ein Detail in Winers Bericht ganz besonders gegen den Strich geht; „Ich enthalte mich jeden Kommentars, der mir als persönliche

Empfindlichkeit ausgelegt werden könnte.“ (Glr 260) Für einen Übersetzer ist das die einzig richtige Einstellung; wer beim Übersetzen beschönigt, abmildert oder umdeutet, der verfälscht. In seiner Übersetzung des „Entdeckerschinkens“ von Hassoldt Davis beschönigt Schmidt gar nichts, schon gar nicht die rassistische Tendenz des Originals – es finden sich jedoch einige Stellen, wo Schmidt im Gegenteil einen scharfen Ton in den Text bringt, der dort im Original nicht vorhanden ist. Ich gebe einige Beispiele für diese äußerst dubiose Tendenz. Auf dem Weg zu den Lobi lernt Davis einen „extraordinary character“ namens Vettiner kennen, von dem er berichtet: „He was known by the natives, and to his honour, as Brofré Koffee, the white dark man, and was loved by them, a white man who had in no way gone native but who was more interested in native customs than the grim quasi-ethnologists who make a nuisance of themselves in the bush. Including me.“ (SV 92 f.) Hier läßt Davis also deutlich Selbstkritik an weißer Überheblichkeit durchscheinen – Schmidt aber konterkariert diesen Zug auf gröbliche Weise, indem er das „in no way gone native“ mit einem extrem rassistischen Ausdruck als „in keiner Hinsicht vernegert“ (DZ 93) wiedergibt. Nicht viel besser ist es, wenn Schmidt den neutralen Ausdruck „related“ (SV 102) in ein denunziatorisches „versippt“ (DZ 102) übersetzt; gleich auf der nächsten Seite wird dann konsequenterweise „in evil kinship“ (SV 103) zu „in übler Versippung“ (DZ 103). Kurz darauf lesen wir in Schmidts Übersetzung von „heidnisch-animistischen Elementen“ und einer „kriegerische[n] Religion, was Afrikanern ja immer gefällt“ (DZ 106); das „ja immer“ ist hier eine Dreingabe Arno Schmidts und hat im Original keine Entsprechung, ebenso wie das Wörtchen „reiner“ in der Bezeichnung „reiner Fetischismus“ (DZ 140) für einen Religionskult. Gegen Ende des Buches erwähnt Davis, daß er zur weiteren Ausstaffierung seines Films noch „people, landscape, and the glade in the sacred wood" (SV 270) filmen wolle; Arno Schmidt macht aus den „people" „Volkstypen" (DZ 270). Im Rahmen seiner Klagen über die seiner Meinung nach degenerierten Künste jammert Davis einmal: „But nepotism had spoiled the art" (SV 144); irrwitzigerweise macht Schmidt daraus: „Aber Nepotismus war schuld an der entarteten Kunst" (DZ 146). Noch ärger wird es, als Davis einmal – und zwar durchaus in selbstkritischem Kontext – sich und seine Hautfarbengenossen als „Caucasians" (SV 213) bezeichnet; in Schmidts Übersetzung müssen wir doch tatsächlich lesen: „Wir armen Arier, wir Fortschrittsumnachteten, haben den Spürsinn für Wasser eingebüßt" (DZ 215). Auch das Problem, wie das „you" des Originals einzudeutschen sei, löst Schmidt auf keineswegs antirassistische Weise, indem er nämlich Ruth und Hassoldt Davis ausnahmslos von den Afrikanern siezen läßt, wohingegen der Autor und seine Frau die Einheimischen mit wenigen Ausnahmen duzen – Schmidt verstärkt also noch die latente Behandlung der Afrikaner als eine Art unmündiger Kinder. Daß Schmidt dem Rassismus des von ihm zu übersetzenden Buches womöglich kritisch gegenübergestanden hätte, ist seiner Übersetzung also keineswegs anzumerken; spätestens bei der „entarteten Kunst"[72]

---

[72] Arno Schmidt war – auch wenn er abstrakter Kunst meist ablehnend gegenüberstand – keineswegs ein verkappter Freund dieser Nazi-Vokabel, wie eine Passage in seinem (im Juni 1957, also zwischen der Fertigstellung der Davis-Übersetzung und der Niederschrift der *Gelehrtenrepublik*, geschriebenen) Moritz-Funkessay zeigt. Vgl. Arno Schmidt, „Die Schreckensmänner. Karl Philipp Moritz zum 200. Geburtstag", in Bargfelder Ausgabe II/1, a.a.O., S. 389-411, hier S. 406: „Natürlich ist er solchergestalt, wie alle Schreckensmänner, ein ‹a›=soziales Element – allerdings nicht im Sinne des Nationalsozialismus, was ja aber bei dessen meisten Definitionen,

und dem Begriff „Arier“ muß man sich schon fragen, was Schmidt hier geritten hat – falls das ein Versuch gewesen sein sollte, den Rassismus des Buches durch Verstärkung zu decouvrieren, wäre er völlig mißraten, denn dafür sind solche Textstellen denn doch zu selten.

Nun ist es ohnehin so, daß sich in Arno Schmidts spärlichen Äußerungen zum Thema Rassismus kaum eine einheitliche Linie ausmachen läßt. In dem 1958 entstandenen Text „Deutsches Elend“ kritisiert er zwar die Westbindung der Bundesrepublik unter Verweis auf die beklagenswerte Tatsache, „daß eben dieser Westen seit 200 Jahren seinen Namen in ganz Asien und Afrika stinkend machte – und dann heute naiv genug ist, ungekünsteltes Erstaunen zu empfinden, wenn das große Indien Nehrus mit den Farbigen sympathisiert, und in der UNO meist ‹dagegen› stimmt“[73], freilich ist das eher ein Kommentar zu politisch-machtstrategischer Dummheit als zu Fragen

---

von ‹Asphaltliteratur› bis zu ‹entarteter Kunst›, nur ein Lob ist.“ – Jan Philipp Reemtsma ist davon überzeugt, daß die Verwendung der Begriffe „entartete Kunst“ und „Arier“ in Schmidts Übersetzung sich nicht anders erklären lasse als durch „die Absicht der Verdeutlichung einer Tendenz, die er Davis unterstellt [...]. Daß Schmidt den Begriff der ‚entarteten Kunst‘ entweder allen Ernstes oder aber ganz naiv und um alle Implikationen unbekümmert verwendet habe, ist, gelinde gesagt, sehr unwahrscheinlich.“ (Email an Friedhelm Rathjen vom 26. Januar 2007.) Ich danke Reemtsma für die Anmerkungen und Einwände, die er mir nach Lektüre einer gekürzten Teilfassung dieses Aufsatzes (Friedhelm Rathjen, „Astreiner Entdeckerschinken. Ist Arno Schmidts ‚Gelehrtenrepublik‘ antirassistisch?, in *konkret*, H. 2, Februar 2007, S. 48-51, Nachdruck in *Textarbeit, Textvergnügen. Einzeltextstudien zu Arno Schmidt* (Scheeßel: Edition ReJoyce 2008), S. 103-114) mitgeteilt hat, auch wenn ich diese Einwände in der vorliegenden Komplettfassung (teils aus inhaltlichen, teils aus methodischen Gründen) cum grano salis unberücksichtigt lasse.

[73] Arno Schmidt, „Deutsches Elend“, in Bargfelder Ausgabe III/3, a.a.O., S. 438-440, hier S. 438.

des Rassismus. Ende September 1958 beklagt Schmidt in einem Brief an Alfred Andersch die kolonialkritischen Aussagen in dessen *Nacht der Giraffe*, legt sich unter ausdrücklicher Berufung auf die Kenntnisse, die er in Zusammenhang mit seiner Davis-Übersetzung gewonnen habe[74], für die Kolonialpolitik de Gaulles ins Zeug und begrüßt aus innereuropäisch-machtpolitischen Erwägungen dessen Versuch, die afrikanischen Kolonien zu halten und den französischen Einfluß in Afrika zu stärken bzw. noch auszubauen. In dem Text „Die Geschichte vom Riesen Jermak“ von 1961 kommt Schmidt noch einmal auf solche geostrategischen Überlegungen zu sprechen und diskutiert „das, späteren Generationen vermutlich immer=unglaubwürdige Schauspiel, wie Europa den Erdball vertändelte“, mit folgender Zusammenfassung der Kolonialgeschichte:

> England raubte Indien aus; mit dem Ergebnis, daß es heute sehr selbstständig ist, und die Weißen behutsam verabscheut. Australien, groß wie Europa, klein wie Berlin, wurde systematisch vernachlässigt, und ein Kind kann sich an den kurzen Fingern ausrechnen, wann es ‹Asien› in die Hände fallen muß – sehr richtig übrigens; die weißen ‹Peers› haben ihre Unfähigkeit sattsam=sekulär dargetan. Afrika?: man kann sich schwerlich unkluger benehmen, als die Kolonisatoren es taten. Die Folge ist, daß es binnen kürzester Zeit

---

[74] Vgl. Schmidt, *Der Briefwechsel mit Alfred Andersch*, a.a.O., S. 186 (Nr. 199 v. 20.9.58): „Ich habe ein umfangreiches Buch über de Gaulle und Afrika aus dem amerikanischen übersetzt; und anläßlich solcher Arbeit allerlei Studien über den ganzen Fragenkomplex getrieben – die Herrschaft d. G.'s während des Krieges dort; sein Verhältnis zur RDAN; usw. usw. – kurz : ich bin nicht ganz ununterrichtet“; Charles de Gaulle wird an einigen wenigen Stellen im *Dorf der Zauberer* auf eher unspezifische Weise erwähnt (vgl. DZ 63, 141).

> nun wirklich ein ‹Schwarzer Erdteil› sein wird; (und selbst dazu reicht unsere Beschränktheit nicht aus, nach Kräften zu befördern, daß es nun wenigstens zur Hälfte ein ‹Brauner› werde; also die, uns kulturell doch überraschend ‹verwandten›, Araber zu unterstützen.) Dabei schadeten die genannten ‹Verlorenen Kontinente› so viel noch nicht; denn was sollten wir, wir aus ‹Worpswede› oder vom ‹Lake District›, in den Tropen?[75]

Nach einer moralisch begründeten Kritik an Rassismus und Kolonialismus klingt das keineswegs, denn hier argumentiert Arno Schmidt ausgesprochen eurozentristisch, und diese Argumentationsweise scheint durchaus seinem Selbstverständnis entsprochen zu haben. Wenn in Schmidts Texten Nichtkaukasier auftauchen, dann werden sie nicht selten auf eine zumindest latent rassistische Weise dargestellt, beispielsweise in *Sylvie & Bruno* (1963), wo Schmidt zur Illustration seines Plädoyers für den künstlerischen Fortschritt eine anekdotische „Fabel" einflicht von „1 Europäer", der „über einem der überflüssig vielen ‹Schwarzen Erdteile› herumhubschraubte"; als Gegenpart fungiert ein Afrikaner, der unter Bezeichnungen wie „der Heidelbeerfarbene", „Der einwandfrei Erdentsprossene" und „ein [...] schwer an Totem & Tabu Leidender"[76] auftritt. An nichteuropäischer Kultur ist Schmidt nicht nur nicht interessiert, sondern er verachtet sie auch in einer Weise, die herablassender ist als alles, was man im *Dorf der Zauberer* finden kann. Schon 1956, also im Jahr vor der Arbeit an seiner Hassoldt-Davis-Übersetzung und der *Gelehrtenrepublik*, argumentiert

---

[75] Arno Schmidt, „Die Geschichte vom Riesen Jermak", in Bargfelder Ausgabe, Bd. III/4 (Zürich: Haffmans 1995), S. 98-107, hier S. 98 f.

[76] Arno Schmidt, „Sylvie & Bruno. Dem Vater der modernen Literatur ein Gruß!", ebd., S. 246-264, hier S. 250.

Schmidt in „Dichter und ihre Gesellen“: „Hüten wir uns vor bodenloser Mystik, oder der verdächtig=gleichnamigen Verehrung der ‹Primitiven›: hören wir auf mit ‹Negerdichtung›, ‹Chinesischen Romanen› und ‹Indischer Lyrik›: das können wir längst; und haben das früher, vor Jahrtausenden auch gemacht!“[77] Noch schärfer formuliert Schmidt dies in *Zettel's Traum* in einer Szene, in der Paul im Fernsehen einen Bericht von Rassenunruhen in Amerika anschaut und dies mit nur mäßig kritischem Unterton kommentiert: „Die putzn ihre Nigger aber anständich weg!“ Schmidts Sprachrohr Daniel Pagenstecher erregt sich daraufhin:

> „Solln se=se doch Alle nach Afrika transportier'n: Jed'm 10.000 Mark & ne Freifahrkarte in die bunte Hand gedrückt.“; (dieser ganze, unnötig dunkle Continent, muß sich sowieso erstma ausrevoluzzern. – (?)–): „Der Ausdruck ‚Primitive Culturen‘, Fränzlein, ist für Mich immer ne contradictio in adjecto gewesn: *KULTUR IST NICHT PRIMITIV!*; daran erkennsDu sie...?“./ [...] Ich möchte doch ma wissen, was an einer ‚SchiffsBrücke‘, Charleston=Abidjan, Unmenschliches sei? wo Schwarz & Schwarz segensreich zusammgeführt werdn[78]

Die Nennung Abidjans weist wiederum auf die Hassoldt-Davis-Übersetzung zurück, die Schmidt genau ein Jahrzehnt vor dieser Passage zu Papier gebracht hat – freilich lesen sich Pagenstechers Ausführungen nicht so, als sei es ihm ein Anliegen, an der rassistischen oder spätkolonialistischen Einstellung Davis' Kritik zu üben. Im übrigen

---

[77] Arno Schmidt, „Dichter und ihre Gesellen“, in Bargfelder Ausgabe III/3, a.a.O., S. 285-291, hier S. 299.

[78] Arno Schmidt, *Zettel's Traum* (Stuttgart: Goverts Krüger Stahlberg 1970), S. 1164.

kritisiert Schmidt in den oben zitierten Auszügen aus Briefen, in denen er das Projekt seiner Davis-Übersetzung vermeldet, an dem zu übersetzenden Buch ja keineswegs eine zu scharfe Haltung des Autors den Afrikanern gegenüber, sondern lediglich die „Verlogenheit des Verfassers“[79], der allen Ernstes an den ihm angehexten Zauber glaubt.

*Außer*halb der *Gelehrtenrepublik* lassen sich also schwerlich Belege dafür auffinden, daß Arno Schmidt in seinem „Kurzroman aus den Roßbreiten“ gezielt die rassistischen und kolonialistischen Züge des *Dorfs der Zauberer* dekonstruiert haben könnte, wie Monika Albrecht meint; schauen wir dennoch einmal, was *inner*halb der *Gelehrtenrepublik* zu finden ist. Zum Personal des Romans gehörigen mehrere schwarzhäutige Personen; die erste, die im Text erscheint, ist ein Angehöriger der Wachmannschaften, mit denen Winer vor der Durchquerung des Hominidenstreifens zu tun hat – er nennt den Mann schlichtweg einen „Nigger“ (Glr 228). Nachdem Winer den Streifen durchquert hat, erfährt er einiges über dessen Bewohner: „*Ganz im Süden* nomadisieren negroide Typen. – Es gab ja ursprünglich *drei* Rassen: Derivate von Weißen, Negern, Indianern. Davon sind Weiße und Indianer so gut wie verschmolzen“ (Glr 256); Winer stellt zu den „Negern“ keine Nachfragen, erfährt aber doch noch, daß unter den insgesamt ungefähr 6000 Zentauren „700 Schwarze“ sind und „Schärfste Rassentrennung“ herrscht (Glr 256), was er nicht kommentiert – ihn interessiert in diesem Moment nur, ob der Verkehr mit Zentauren „eigentlich als Sodomie betrachtet“ (Glr 256) wird oder nicht, also ob die Zentauren als Menschen oder als Tiere gelten. Auf der Künstlerinsel begegnet Winer schwarz-

[79] Schmidt, *Der Briefwechsel mit Eberhard Schlotter*, a.a.O., S. 31 (Nr. 12 v. 8.3.57).

häutigen „Stenotypistinnen“, die er unter dem Aspekt eventueller erotischer Möglichkeit abzuschätzen versucht: die eine beschreibt er als „kohlschwarz und mit einem Gesicht, das gebaut schien, Meteore aufzufangen, nicht Küsse irdischer Männer“ (Glr 286), die andere als „eine harrende, ebenfalls subtropische, Schöne“ (Glr 287). Zu Zärtlichkeiten kommt Winer bei keiner von beiden, ebensowenig wie später bei der Bildhauerin Berta Sutton, in deren Atelier er „Negergeplastik“ jener Sorte entdeckt, an der „die meisten modernen Künstler ‹die Augen stärken›“ (Glr 310); diese Formulierung ist sichtlich eine wiewohl vorsichtige Einkleidung genau jener Vorbehalte gegen afrikanische Kunst, die Schmidt an anderer Stelle so viel drastischer formuliert hat. Als es in Winers letzter Nacht auf dem schwimmenden Eiland sehr dunkel wird, kommen wiederum afrikanische Assoziationen ins Spiel „*Nachts fällt schwarzer Regen.* Bäume wedeln negrig (mit Negerblättern?): nachts bin ich ein schwarzer Mann!“ (Glr 335) Diese Formulierung ist keineswegs als Solidarisierung mit Menschen dunkler Hautfarbe gemeint, ebensowenig wie das „ich bin nur armes Nigger Winer aus Douglas am Kalamazoo!“ (Glr 344) ein Weilchen später; ganz im Gegenteil besteht wenig Anlaß, bei Winer (was natürlich nicht unbedingt heißt: beim Autor Schmidt) etwas anderes als ein Geflecht rassistisch-nationalistischer Stereotypen zu vermuten. Als er an „Irländer“ denkt, spult er sofort die abgespeicherten Vorurteile ab: „Untersetzt rothaarig lügenhaft märchenmündig versoffen grabsam? (Auch rauflustig noch, richtig).“ (Glr 341) Immerhin deutet das „richtig“ am Ende dieser Formulierung an, Winer würde das Stereotyp als solches durchschauen; überwinden kann er es deshalb noch lange nicht.

Daß in der *Gelehrtenrepublik* kolonialistische Strukturen und Dynamismen nachgezeichnet und satirisiert werden, wie Monika Albrecht anhand vieler Details zeigt, ist sicher richtig; freilich scheint das wenig mit afrikanischen Schauplätzen und dem *Dorf der Zauberer* zu tun zu haben, sondern vornehmlich Elemente aus der Kolonialgeschichte Amerikas zu zitieren; in diesem Zusammenhang könnte eine vergleichende Lektüre von Stuckens *Die weißen Götter* womöglich aufschlußreiche Ergebnisse liefern. Der amouröse Umgang Winers mit der jungen Zentaurin Thalja findet nicht die geringste Parallele in Davis' *Dorf der Zauberer*, sondern orientiert sich eher an romantisierten Fassungen bestimmter Episoden aus der amerikanischen Kolonialgeschichte, etwa des Pocahontas-Stoffes; selbstverständlich spielt Winer Thalja gegenüber alle Vorteile aus, die er als erwachsener männlicher Vertreter einer ‚überlegenen Kultur' gegenüber einer halbwüchsigen weiblichen Angehörigen einer ‚primitiven Kultur' hat, insofern ist die Art und Weise, in der er die Situation ausnutzt und Thalja defloriert, zugleich ein kolonialer, rassistischer, sexistischer und möglicherweise pädophiler Akt – all dies spielt jedoch textinhärent keine Rolle, sondern auf der Handlungs- wie auf der Bedeutungsebene geht es einzig und allein um die Frage möglicher Sodomie. Dies heißt aber auch, daß im Fokus immer das Ich und nicht das Gegenüber steht; die kolonialistischen, rassistischen, sexistischen und päderastischen Vergehen, um die es hier *nicht* geht, wären strafbar, weil ein Gegenüber geschädigt wird, während Sodomie allenfalls strafbar ist, weil sie als abnorm gilt und mithin auf einen Schaden am Ich hindeutet: das Vergehen des Sodomiten liegt darin, die Grenze zwischen Mensch und Tier zu ignorieren.

Als Winer sich von Thalja verabschiedet, gerät ihm übrigens noch eine weitere (vergleichsweise milde) rassistische Bezeichnung für dunkelhäutige Menschen in den Sinn, nämlich in einem modifizierten Zitat aus E.T.A. Hoffmanns „Nußknacker und Mausekönig": „Konditorkonditor: was ist der Mohr & was kann aus ihm werden!" (Glr 254) Hier hat Winer seltsamerweise den „Mohr" eingesetzt, wo es üblicherweise „Mensch" heißt; in der korrekteren Form „Konditor, Konditor!: Was ist der Mensch und was kann aus ihm werden!"[80] benutzt Schmidt das Zitat bereits in *Brand's Haide*. Bei E.T.A. Hoffmann geht es darum, daß der Mensch im Verhältnis zu den Bewohnern des Puppenreichs unwillkürlich zu einer Art Gottesfigur aufsteigt; ebenso schnellt im Hominidenstreifen der *Gelehrtenrepublik* Winers Status im Verkehr mit den Zentauren sprunghaft in die Höhe, was freilich noch nicht erklärt, warum „Mensch" durch „Mohr" ersetzt wird; indirekt zu folgern ist aus der Verwendung freilich, daß „Mohr" eigentlich weniger ist als „Mensch", also in der Tat als rassistisch-abschätziger Begriff gebraucht wird.[81] Winers Stoßseufzer ist im übrigen zu verbinden mit einer sarkastischen Bemerkung, die er einige Seiten später fallen läßt, als er mitbekommt, wie die „Pfleger und Hüter" des Hominidenreservats sich den Zentauren gegenüber zu göttergleichen Wesen aufschwingen: „Was dem Menschen vom Tisch fällt, hat für die Katze ‹Gott gesandt›" (Glr 258). Das ist in der Tat ein

---

[80] Arno Schmidt, *Brand's Haide*, in Bargfelder Ausgabe I/1, a.a.O., S. 115-198, hier S. 188. Die Herkunft des Zitats aus Hoffmanns *Nußknacker und Mausekönig* und den Kontext im Quelltext erläutert Heinrich Schwier, *Lore, Grete & Schmidt. Ein kommentierendes Handbuch zu Arno Schmidts Roman „Brand's Haide"* (München: edition text + kritik 2000), S. 255 f. – Vgl. auch Schmidt, *Der Briefwechsel mit Wilhelm Michels*, a.a.O., S. 58: „es tritt also die pikante Lage ein, daß ich mich theoretisch darüber entrüste, mir jedoch heimlich sämtliche Hände reibe – was ist der Mensch, und was kann aus ihm werden!" (Nr. 56 v. 7.12.56)

[81] In einer späteren Szene der *Gelehrtenrepublik* wird die Bildhauerin Berta Sutton als Nußknacker beschrieben und gleichzeitig ihre Hellhäutigkeit betont; vgl. Glr 311: „da sah das bleichknochige Gesicht gar nußknackern aus den grellen Plaids."

indirekter Kommentar zur Kolonisierung ‚unterentwickelter' Eingeborener durch eindringende ‚weiße Götter', doch mischt sich darein ein anderer Aspekt, der für Schmidt offenbar im Vordergrund steht und durch das Hoffmann-Zitat in seiner korrekten Form unterstrichen wird. Die Leitfrage, um die es in der *Gelehrtenrepublik* – und zwar in beiden Teilen gleichermaßen – geht, lautet: ‚Was ist der Mensch; wo beginnt er, und wo endet er?' Oder anders gefragt: Was macht den Menschen aus? Wodurch zeigt er sein Menschsein, seine Menschlichkeit? Wie verhalten sich Körper und Geist des Menschen zueinander, handelt es sich noch um einen Menschen, wenn nur noch der Körper oder nur noch der Geist vorhanden ist? Was unterscheidet den Menschen vom Tier? Wann ist der Mensch kein Mensch mehr?

In der *Gelehrtenrepublik* stellt Schmidt diese Fragen, indem er die gemeinhin akzeptierten Grenzen zwischen Menschsein und Nichtmenschsein verwischt – indem er Mutationen auftreten läßt, die teils Mensch, teils Tier sind; indem er Menschenhirne auf neue Körper – auch auf Tierleiber – transplantieren läßt; indem er Menschen vermittels der „Hibernation" zur ewigen Ruhe betten, aber nach einer Ewigkeit doch wieder auferstehen läßt. Diese Aufweichung der Grenzen des Menschseins führt – zumindest bei Charles Henry Winer – zu einem dramatisch zunehmenden Unbehagen an der eigenen Rolle und am eigenen Selbstverständnis; es ist für ihn eminent wichtig, zu wissen, ob er mit Thalja womöglich Sodomie begangen (und damit sein eigenes Menschsein verraten) hat oder nicht, und ebenso wichtig ist es für ihn, unterscheiden zu können, ob beispielsweise Inglefield, wenn er „einen Kiesel" nach dem „riesige[n] sibirische[n] Wolfshund des Wirtes" wirft, sich der „Cruelty to Animals" (Glr 321) schuldig macht oder vielleicht doch der Grausamkeit am Menschen. Auf der Künstlerinsel ist, wie ausdrücklich mitgeteilt wird, „*Tierhaltung [...] erlaubt:* Äffchen, Hunde, Katzen, Singvögel. Seewasseraquarien. [...] / An ausgesetzten Wildtieren: Krähen, Hasen, Eidechsen; Maulwürfe. / An Haustieren, draußen, auf den ‹Äckern & Weiden›: Pferde, Rinder; Schweine, Schafe; Ziegen, Hühner, Enten.“ (Glr 308) Hier wird so getan, als ließe sich alles fein säuberlich unterscheiden, untereinander und vom Menschen, doch dem ist nicht so; gleich im nächsten Absatz preist Winer unwillkürlich „*Schöne Pflanzen: Jungpappeln von hinreißender Figur!* Ich blieb gern vor dem Gärtchen stehen: 2 buschkleine Bäumchen hielten sich schüchtern an den Blättern, eine Rotbuche, und ein zweiblättriger Ahorn: „Sieht gut aus!«“ (Glr 308) Winer behandelt also selbst Pflanzen wie Menschen, und damit fransen die Kategorien noch weiter aus; durchaus zu recht kommt er sich zusehends vor „wie im Zoo“ (Glr 261), wobei in den „Schilfinseln des Kalamazoo“ (Glr 349), denen Winers letzte Sehnsucht gilt, immerhin die Lautfolge ‚zoo‘ ebenfalls enthalten ist. „Cela ne sent rien: ces Papillons là“ (Glr 269), muß sich Winer bezüglich des vermenschten Schmetterlings sagen lassen und weiß doch, daß dem keineswegs so ist – das Totschlagargument des ‚der fühlt nichts‘ regiert jedoch die Welt, in die er hier geraten ist. Es ist in der *Gelehrtenrepublik* in der Tat ein Totschlagargument, und da die strikte Trennung zwischen Mensch und Tier hier nicht mehr gilt, kann das eine wie der andere im Interesse einer höheren Macht in den Tod geschickt werden – nicht nur eine „Fliegende Maske“, ein „Never=never“ oder ein nicht reinrassiger Zentaur, sondern notfalls auch ganze Völker wie „die Japaner & Deutschen“, deren Auslöschung „ja für uns 1 Segen“ ist (Glr 260). In dieser Hinsicht hat die Welt der *Gelehrtenrepublik* mit der – und sei sie noch so rassistischen – Welt des *Dorfs der Zauberer* gerade nichts mehr gemein; im Expeditionsbericht von Hassoldt Davis ist die Unterscheidung zwischen Mensch und Tier noch intakt. Davis ist zwar der Meinung, ein Tier solle man nur zur Selbstverteidigung oder aus Hunger töten (DZ 26), doch akzeptiert er es ohne Murren, daß Tiere geopfert werden, Elefanten von einem Mann, der sie zu lieben vorgibt, geschossen und die Termiten purer Neugier wegen vernichtet werden; die Tötung von Menschen (auch solcher schwarzer Hautfarbe) ist ihm hingegen grundsätzlich inakzeptabel, und so sehr er den Mord an seinem Freund Khalil Sabeh beklagt, verliert er doch keinen Gedanken an etwaige Rache- oder Strafexpeditionen, wie sie nicht nur in ‚rassistischen Machwerken übelster Sorte' gemeinhin üblich sind, sondern in der *Gelehrtenrepublik* ja auch (zumindest gegen die „Never=nevers") gutgeheißen werden. Insofern ist das Weltbild, das dem *Dorf der Zauberer* unterliegt, in der Tat humaner als das der *Gelehrtenrepublik*: Hassoldt Davis setzt ein Gemeinsames aller Menschen voraus, das der Welt der *Gelehrtenrepublik* abhanden gekommen ist, ein Umstand, der dem Erzähler Winer freilich nicht behagt und vom Autor Schmidt implizit beklagt wird.

Die *Gelehrtenrepublik* ist durchzogen von einer bisher noch nicht mit hinreichender Gründlichkeit untersuchten Schwarz-Weiß-Metaphorik; das beginnt auf der zweiten Seite von Winers Bericht, als die Köpfe der Wachhabenden „auf den weißen Wänden, in den schwarzen Öffnungen" (Glr 226) erscheinen, und zieht sich dann durch den ganzen Text: als Abfolge von Licht und Dunkel, von Schlaf- und Wachzuständen, als Hinweise auf Winter und Sommer und vieles mehr. An einigen Textstellen könnte es so scheinen, als seien auch die menschlichen Hautfarben in diese Schwarz-Weiß-Metaphorik einbezogen, doch deuten die oben von mir zitierten Passagen, in denen Schwarzhäutige auftreten, keineswegs darauf hin, daß Schmidt an der Kommentierung von Rassen- und Rassismusfragen auch nur im geringsten interessiert wäre; er instrumentalisiert die Hautfarben für ganz andere Zwecke. Die Schwarz-Weiß-Metaphorik der *Gelehrtenrepublik* ist ein Aspekt des dem ganzen Text unterlegten dualen Denkens, das an einer Textstelle unverhüllt an die Oberfläche bricht – als nämlich Winer die Bildhauerin Berta Sutton als „Manichäerinn" erkennt und dem unwissenden Inglefield (ebenso wie den kenntnisärmeren unter Schmidts Lesern) eine Crash-Erläuterung verabreicht: „Ormuzd & Ahriman; Tag & Nacht; Steuerbord & Backbord. / Dann fiel mir die noch elegantere Wendung ‹Black & White› ein." (Glr 310) Der Manichäismus ist eine Lehre, die Arno Schmidt offenbar zumindest zeitweilig sehr angezogen hat, und gerade 1957, im Jahr der Entstehung der *Gelehrtenrepublik*, scheint er sich ausgiebig damit beschäftigt zu haben: Anfang 1957 schreibt Schmidt den May-Essay „Vom neuen Großmystiker" und stellt darin – anläßlich der Diskussion über *Ardistan und Dschinnistan* – fest: „Nomade und Manichäer – [...] das beides ist May letzten Endes!"[82]; Anfang 1958 dann entwirft er sogar einen gesonderten (leider fragmentgebliebenen) Text mit dem Titel „Manes der Unsinnigen", in dem er das dualistische Denken des Manichäismus ausführlich darzustellen gedenkt[83]. Manichäische Prinzipien lassen sich in der *Gelehrtenrepublik* allenthalben ausfindig machen, auch in eher unverfänglichen Textdetails; beispielsweise unterliegt, wie Iannis Goerlandt erläutert hat, dem in Schmidts Text (freilich unter nicht ganz korrektem Titel) zitierten Feenmädchen *Les Voyages de Zulma dans le pays des Fées* (Glr 274: „Voyage de Zulma dans les pays des

---

[82] Arno Schmidt, „Vom neuen Großmystiker", in Bargfelder Ausgabe III/3, a.a.O., S. 331-337, hier S. 335.

[83] Vgl. Arno Schmidt, „Manes der Unsinnigen. Eine Studie über die poetische Ungerechtigkeit", in *Fragmente*, a.a.O., S. 298-300.

Fées“) die Vorstellung, jeder guten Fee stehe eine genau komplementäre böse gegenüber[84]. Dem Manichäismus zufolge gibt es zu jeder Kraft, die in irgendeiner Weise wirkt, eine Gegenkraft, die die Wirkung aufzuheben vermag; das ist, wenn man so will, ein Sinnbild der Ost-West-Konfrontation des Kalten Krieges, die als Großkonstellation die *Gelehrtenrepublik* bestimmt, aber faßbar ist dieses manichäische Prinzip auch als Zusammenwirkung von Gift und Gegengift – Winer rettet immerhin einem Zentaurenkälbchen das Leben, indem er „gegen das starke Gift“, mit dem die Riesenspinnen den Zentauren betäubt haben, „große Gaben Alkohol“ als Gegenmittel verabreicht (Glr 240). Und hier nun kommt als Referenzfolie wiederum Hassoldt Davis’ *Dorf der Zauberer* ins Spiel, wo immer wieder darauf hingewiesen wird, daß es in den bereisten Gegenden zweierlei Magier gibt, nämlich zum einen die eigentlichen Zauberer und zum anderen die Fetischer; die Zauberer tun ein ‚böses‘ Werk, die Fetischer hingegen können mit einem ‚guten‘ Zauber den ‚bösen‘ Einfluß wieder aufheben. Genau von diesem Prinzip profitiert Hassoldt Davis selbst seiner Darstellung zufolge anläßlich jener Verhexung mit halbseitigen Lähmungserscheinungen, über die Arno Schmidt sich so entrüstet und belustigt gezeigt hatte; nachdem alle medizinische Kunst nichts hilft, sucht Davis einen Fetischer auf und läßt sich gegen Entgelt erfolgreich von der Verhexung kurieren. Ausgerechnet dieses Prinzips des Gegen-Zaubers bedient sich Schmidt in der *Gelehrtenrepublik*, freilich auch anderswo, zumal in seinem politischen Denken – Schmidt, der ein notorischer „Dagegen=

---

[84] Vgl. Iannis Goerlandt, *Schulen zur Allegorie. Nationale Bilder in Arno Schmidts utopischer Prosa* (Bielefeld: Aisthesis 2006), S. 173.

SCHMIDT"[85] ist, legt ja beispielsweise (vor allem in den 50er Jahren) nicht deshalb gern ein gutes Wort für die Existenz des Ostblocks oder der DDR ein, weil er ein feuriger Verfechter des Kommunismus wäre, sondern weil er diese Gegenwelt zur Austarierung des ansonsten ungebremsten Wirkens der Adenauerschen Bundesrepublik und der NATO für erforderlich hält. In der absurden Ost-West-Parodie der *Gelehrtenrepublik* findet sich diese Überzeugung von der notwendigen dualistischen Beschaffenheit der Welt satirisch gespiegelt; für eine ernsthafte Beschäftigung mit der Nord-Süd-Hierarchie ist in diesem dualen System freilich kein Platz, und deswegen interessiert Schmidt der Kolonialismus allenfalls nachrangig, nämlich als Nebenschauplatz der eigentlichen Auseinandersetzung zwischen Ost und West.

Vom manichäischen Prinzip weicht das Schmidtsche freilich in einem Punkt ab: Schmidt definiert natürlich die sich gegenseitig aufhebenden Positionen (Gift und Gegengift) nicht als ‚Gut' und ‚Böse', sondern für ihn handelt es sich im besten Falle um wertfreie, im Normalfall freilich um gleichermaßen ‚böse' Komplementärpositionen. Sehr deutlich wird dies im Text der *Gelehrtenrepublik*, als Winer sich von Thalja die Gottesvorstellung der Zentauren erläutern läßt:

> »Der böse Geist, der uns geschaffen hat.« – »Ihr seid also vom *Bösen* Geist geschaffen?« fragte ich interessiert; und sie sahen erstaunt herum: »Ja.: Hat Euch etwa ein *guter* gemacht?«. (Wozu er – er war nicht umsonst Häuptling, Recke & Denker – noch schwerfällig zugab: »*Gibt* es denn einen Guten Geist?«.

[85] Arno Schmidt, „Caliban über Setebos", in Bargfelder Ausgabe I/3, a.a.O., S. 475-538, hier S. 499.

Winer sieht ein, daß Thalja recht hat, natürlich gibt es *keinen* „Guten Geist“: „Ich antwortete lieber nicht; mir war nicht wohl – nie wohl gewesen! – in meiner rosa Haut“ (Glr 249).

Monika Albrecht interpretiert das hier von Winer bekundete Unbehagen in seiner „rosa Haut“ als Ausdruck eines aufkeimenden „Zweifel[s] an der Überlegenheit der ‚weißen Rasse‘“, als Winersches „Unbehagen an seiner Zugehörigkeit zu eben dieser ‚überlegenen weißen Rasse‘“[86]; obwohl Albrechts Argumentation an diesem Punkt in sich sehr stimmig und überzeugend ist, fürchte ich allerdings, er trifft nicht die Text- und schon gar nicht die Autorintention[87], denn im Gefüge des Gesamttextes der *Gelehrtenrepublik* ist die Signifikanz der „rosa Haut“ doch anders gelagert. Wichtig ist zunächst einmal, daß das „rosa“ sich der durchgängigen Schwarz-Weiß-Metaphorik des Romans widersetzt; wenn Winer seine „rosa Haut“ betont, steckt er also zwischen den auf Konfrontation angelegten Positionen. Daß „rosa“ hier als Zugehörigkeitsmerkmal der sogenannten ‚weißen Rasse‘ gemeint sein könnte, scheint mir eher zweifelhaft; die Farbbezeichnung taucht anderswo im Text nämlich in einer Weise auf, die damit nicht in Einklang zu bringen wäre: „Das ganze vordere Drittel“ von Thaljas Brust ist Winers Worten zufolge „eine unabgesetzte, rosarauhe Spitze“

---

86 Albrecht, „‚Mir war nie wohl in meiner rosa Haut‘“, a.a.O., S. 70.

87 Den Verdacht, ihre Interpretation decke sich womöglich nicht mit der Autorintention, hat Albrecht sogar selbst. Vgl. ebd., S. 55: „Allerdings spricht einiges dafür, daß Schmidt die jahrhundertelange Geschichte des Kolonialismus bewußt in den Fiktionsraum seines Romans integriert und damit die weltpolitische Situation der 50er Jahre in den Horizont der Kolonialismuskritik gerückt hat; es ist jedoch ebenso wahrscheinlich, daß seine Intention und die aus heutiger postkolonialer Sicht in dem Roman aufscheinenden Deutungsmöglichkeiten nicht durchweg kompatibel sind.“

(Glr 238); die vulvaähnlichen Zungen weiblicher „Fliegender Masken“ werden als „handlange rosa Röhren“ (Glr 254) und als „rosa Hohlzunge“ (Glr 267) beschrieben; schließlich sieht Winer in einer erotisch unterfütterten Traumsequenz des Textes noch ein „dreieckiges rosa Briefchen“ (Glr 277). Das „rosa“ wird also keineswegs zur Unterscheidung Winers von den Opfern eines kolonialen Systems eingesetzt, denn wenn der Hominidenstreifen eine Kolonie darstellt, gehören sowohl die Zentauren als auch die „Fliegenden Masken“ ja eindeutig zu den indigenen Kolonialopfern ‚weißer‘ (und in diesem Sinne keineswegs rosafarbener) Kolonialherren. Übrigens läßt sich auch aus dem Gebrauch der Farbbezeichnung „rosa“ im *Dorf der Zauberer* gerade nicht ableiten, sie könne als Rassenmerkmal angelegt sein: „Rosa-gelb“ sind dort die Fußsohlen eines Schwarzen, der diese Sohlen für seine „sichtbare Seele“ hält (DZ 83); auch „rosa Handteller“ (DZ 32) haben die Afrikaner, und „Ganz rosa“ sind „neugeborene Negerbabys immer“ (DZ 253); komplette „rosa Leiber“ (DZ 79) haben der Autor und seine Frau, lediglich „rosa Hinterviertel“ (DZ 168) die Paviane. Arno Schmidt respektive Winer scheint die Farbbezeichnung „rosa“ nicht als unangenehmes Rassenmerkmal, sondern als Kennzeichen unbehaarter, nackter und damit ungeschützter Haut aufzufassen; als er im Gespräch mit Thalja begreift, daß es keinen ‚guten‘, sondern nur ‚böse‘ Geister gibt, empfindet er sich als schutzlos und ausgesetzt, gleichsam als Neugeborenes, das den Launen überlegener und unberechenbarer Mächte (Eltern, Götter, Genien, kolonialistischen Unterdrückern und so weiter) wehrlos ausgesetzt ist.

In seiner „rosa Haut“ begreift Winer sich als nackter – d.h. keineswegs schuldiger, sondern gleichsam geschichtsloser – Mensch; diese Empfindung liegt auf der selben Linie wie später seine Stoßseufzer „Es war ein bißchen viel auf einmal; für'n einfachen Journalisten: Konditorkonditor: was ist der Mohr & was kann aus ihm werden!“ (Glr 254) und „ich bin nur armes Nigger Winer aus Douglas am Kalamazoo“ (Glr 344): Winer weist alle Verantwortung von sich, sieht sich in der Opferrolle, und es ist gerade nicht zu erkennen, daß dieses Winersche Selbstverständnis von Schmidt in der *Gelehrtenrepublik* nennenswert problematisiert würde, womöglich gar im Rahmen eines kolonialismuskritischen Diskurses. Kolonialismus- und rassismustheoretisch gesehen wirkt Winer einer Leugnung der Verantwortung und der Verwischung aller Grenzen zwischen Schuldigen und Opfern gerade nicht entgegen, sondern er wirkt daran mit, und insofern bezieht er – und bezieht auch Schmidt – keineswegs eine Gegenposition zu dem Selbstverständnis, das Hassoldt Davis im *Dorf der Zauberer* zeigt. Falls Arno Schmidt am *Dorf der Zauberer* etwas mißfallen hat, war es offensichtlich nicht die rassistische Überheblichkeit des Autors, und deshalb bemüht sich Schmidt in der *Gelehrtenrepublik* auch gerade nicht erkennbar darum, *diese* spezielle Überheblichkeit zu unterminieren.

Nachweise

„The Making of *Gelehrtenrepublik*" wurde folgendem Band entnommen: Friedhelm Rathjen, *Textarbeit, Textvergnügen. Einzeltextstudien zu Arno Schmidt* (Scheeßel: Edition ReJoyce 2008). Erstdruck im *Bargfelder Boten*, Lfg. 291-292 (Oktober 2006).

„IRAS auf Eis" und „Gegenzauber im Hominidenstreifen" wurden folgendem Band entnommen: Friedhelm Rathjen, *Bargfeld Transfer. Studien zu Arno Schmidt als Übersetzer und Transformator* (Scheeßel: Edition ReJoyce 2010). Erstdruck von „IRAS auf Eis" in Kurt Jauslin (Hg.), *Zettelkasten 7. Aufsätze und Arbeiten zum Werk Arno Schmidts: Jahrbuch der Gesellschaft der Arno-Schmidt-Leser 1989* (Frankfurt a.M.: Bangert & Metzler 1989). Erstdruck von „Gegenzauber im Hominidenstreifen" in Rudi Schweikert (Hg.), *Zettelkasten 26. Aufsätze und Arbeiten zum Werk Arno Schmidts. Jahrbuch der Gesellschaft der Arno-Schmidt-Leser 2007/2008* (Wiesenbach: Bangert & Metzler 2009).